TERCEIRO SETOR

MELHORES PRÁTICAS REGULATÓRIAS INTERNACIONAIS

Eduardo Szazi
José Eduardo Sabo Paes

TERCEIRO SETOR

MELHORES PRÁTICAS REGULATÓRIAS INTERNACIONAIS

2ª edição

annabel lee

Preparação
Beth Vinas
Editor
Rey Vinas
Capa
Rones Lima

Szazi, Eduardo/Paes, José Eduardo Sabo.
Terceiro setor: melhores práticas regulatórias
internacionais. 2. ed. Brasília: Annabel Lee, 2014.

150p.

1. Terceiro setor – Regulação internacional – Melhores
práticas – Governança – Transparência – Prestação de
Contas – Financiamento governamental. I. Título.

CDD 342.11953

OS AUTORES

EDUARDO SZAZI é bacharel em Direito pela Universidade de São Paulo, especialista em Administração de Empresas (CEAG) pela Fundação Getúlio Vargas e doutorando em Direito pela Universidade de Leiden, nos Países Baixos.

É advogado, sócio da Szazi Bechara Advogados e professor de Direito do Terceiro Setor na Escola de Direito da Fundação Getúlio Vargas e na Fundação Instituto de Administração. É sócio emérito do GIFE, membro do *Advisory Council* do *International Center for Not-for-Profit Law* (EUA) e membro da *International Society of Third Sector Research* (Reino Unido).

É autor de *Terceiro Setor: Regulação no Brasil* (4ª ed., Petrópolis: São Paulo, 2006.)

——————————————————■——————————————————

JOSÉ EDUARDO SABO PAES é bacharel em Direito pela Universidade de Brasilia, especialista em Teoria da Constituição pelo UniCEUB, mestre e doutor em Direito pela Universidade Complutense de Madri, na Espanha.

É procurador de Justiça do Ministério Público do Distrito Federal e Territórios e professor de Direito do programa de mestrado da Universidade Católica de Brasília. É presidente da Associação Nacional dos Procuradores e Promotores de Justiça de Fundações e Entidades de Interesse Social (Profis).

É autor de *Fundações, Associações e Entidades de Interesse Social* (7ª ed., Forense: Brasília, 2010).

Agradecemos à Pastoral da Criança pelo financiamento da pesquisa e a Silvio Sant'Anna, da Fundação Esquel Brasil, pelo esforço de captação desses recursos, e à Annabel Lee, pela pronta aceitação e edição célere deste livro.

Andrea, André e Felipe,

Obrigado por entenderem a importância do estudo e
da pesquisa em minha vida.

Amo vocês.

Eduardo Szazi

---■---

Agradeço a Deus, à minha família, em especial
à minha esposa Sara e a nossos lindos filhos
Guilherme, Felipe e Giovanna, pela compreensão e
alegria na convivência diária.

Agradeço o apoio sempre recebido da Sinara, minha
amiga, e dos colegas e alunos do Mestrado em
Direito da Universidade Católica de Brasília.

Agradeço, por fim, à equipe da biblioteca do Ministério Público do
Distrito Federal e Territórios, composta, entre outros, do Gilson, da
Dulcineide, do Ernesto e do Marcelo, que não pouparam esforços
para aprimorar a pesquisa internacional contida neste livro.

Eduardo Sabo

Sumário

Capítulo IV

Financiamento Governamental, 79

O Poder Público e as entidades do Terceiro Setor, 79

Capítulo V

Recomendações para uma agenda propositiva, 89

Ideias para o debate do marco regulatório do Terceiro Setor, 89

Capítulo VI

Documentos internacionais relevantes

Melhores Práticas da OCDE (2002), 95

COMBATENDO O ABUSO DE ORGANIZAÇÕES SEM FINS LUCRATIVOS

Introdução e definição, 95

Definição do problema, 96

Princípios, 96

Áreas de foco, 98

(i) Transparência financeira, 98

(ii) Verificação programática, 99

(iii) Administração, 101

Orgãos de controle, 103

(i) Agentes governamentais da lei e segurança, 104

(ii) Organismos regulatórios especializados do governo, 104

(iii) Autoridades regulatórias bancárias,
fiscais e financeiras, 105

13

Introdução

Lester Salomon aponta que o crescimento do interesse no setor sem fins lucrativos tem levado a inúmeras iniciativas de reforma legislativa em todo o mundo. Suportando tais inovações está o entendimento de que o desenvolvimento do setor sem fins lucrativos pode ser significantemente afetado pela "simpatia" que o ambiente regulatório dispensa às entidades.[1] O Brasil não ficou imune a essa onda, pois o setor sem fins lucrativos e o investimento social privado em nosso país têm sido objeto de diversas iniciativas regulatórias ao longo dos últimos anos. Dentre elas, podemos destacar as Rodadas de Interlocução Política do Conselho da Comunidade Solidária, sob a liderança de Ruth Cardoso, no governo FHC (1995-2002), que deram origem à Lei 9.608 (Voluntariado), à Lei 9.790 (OSCIP)[2] e à publicidade de informações sobre entidades declaradas de utilidade pública federal. No governo Lula (2003-2010), a introdução do

---

[1] SALOMON, L. M. e Toepler, S. The Influence of the Legal Environment on the Development of the Nonprofit Sector. *Working Paper Series* n. 17. Center for Civil Society Studies. John Hopkins University: Baltimore, 2000.

[2] Para uma descrição sucinta do processo de criação da lei das OSCIPs, veja SZAZI, E. Creating a Favorable Environment for Philanthropy and Civil Society: the case of Brazil. In: SANBORN, C. e PORTOCARRERO, F. *Philanthropy and social change in Latin America.* Harvard University Press: Cambridge, 2005. Veja também PAES, J. E. Sabo. *Fundações, associações e entidades de interesse social,* 7. ed. (Forense: Brasilia, 2010. p. 641).

15

CNEs e a uniformização da prestação de contas ao Ministério da Justiça por meio eletrônico representaram considerável salto na transparência, assim como a criação do Portal dos Convênios (Decreto 6.170, de 25.7.2007), ainda que esta iniciativa tenha sido uma resposta à "CPI das ONGs", uma comissão parlamentar de inquérito do Senado Federal que investigou o repasse e uso fraudulento de recursos públicos federais a entidades sem fins lucrativos.

No âmbito da sociedade civil, podemos destacar como exemplo o "diálogo entre o Banco Mundial e as fundações, as redes sociais e o governo brasileiro", em fevereiro de 2005, que identificou diversos pontos para aprimoramento do ambiente regulatório brasileiro e o fortalecimento de parcerias, particularmente no âmbito dos Objetivos do Milênio e das comunidades lusófonas.

A legitimidade da atuação dos cidadãos na esfera pública para mais além do voto em eleições periódicas foi introduzida em 1945 no ordenamento jurídico mundial pela Carta das Nações Unidas, que outorgou aos indivíduos o direito de interagir no âmbito internacional não apenas por meio de organizações governamentais, mas também por meio de organizações *não* governamentais. Ao cunhar essa (hoje) tão conhecida expressão, a Carta reconheceu que a esfera pública era maior do que a governamental.

ONGs são filhas de nosso tempo. Se a democracia eleitoral é a forma predominante de governo no mundo e as pessoas cada vez mais participam da esfera pública, parece-nos também inquestionável que o direito dos povos à autodeterminação, consagrado pela Carta da ONU, expandiu-se para muito além do direito à

16

independência do regime colonial, na intenção de compreender o direito à democracia. Por exemplo, a análise da evolução dos princípios gerais do direito internacional nas decisões da Corte Internacional de Justiça indica a progressiva expansão do reconhecimento de princípios humanitários e direitos individuais, e, também, sob outra dimensão, o marcante alargamento do Princípio da Autodeterminação dos Povos, que hoje vem sendo interpretado como direito à participação em assuntos públicos e, por que não dizer, como direito à democracia. Por isso, podemos afirmar, a partir das teorias contratualistas da formação do Estado em um ambiente contemporâneo amplamente democrático, que é necessário adicionar um novo bloco ao modelo concebido por Thomas Franck sobre Governança Democrática,[3] mediante mecanismos de participação civil nas estruturas burocráticas do Estado. Para esse desafio, as ONGs nos parecem uma razoável e legítima solução.[4]

Mas, para isso, o aprimoramento do contexto regulatório se torna tarefa essencial, pois a lei afeta diretamente os custos de transação de uma ONG em uma sociedade complexa e altamente regulamentada, como a brasileira.

Neste trabalho, apresentamos as conclusões de nossa pesquisa sobre a legislação e as normas de regência de entidades sem fins lucrativos em países de direito consuetudinário (*Common Law*) e codificado (*Civil Law*) realizada durante o

---

[3] FRANCK, T. The Emerging Right to Democratic Governance. *American Journal of Intl Law*, v. 86, 1992.

[4] SZAZI, E. *NGOs:* Legitimate Subjects of International Law. Leiden University Press: Leiden, 2011.

segundo semestre de 2010. No primeiro grupo, estudamos o Reino Unido e os Estados Unidos da América. No segundo, na Europa, avaliamos especialmente a experiência de Alemanha, França, Itália, Espanha e Portugal e, em nosso continente, de Argentina, Chile, Colômbia e México. A ênfase nesses países se deu pelo seu histórico de influências em nosso ordenamento jurídico e também pela pujança de seu setor sem fins lucrativos, em comparação com o de outros países do mesmo continente.

Capítulo I

Governança

Iniciativas de autorregulação

No **Brasil**, em recente iniciativa, o GIFE e o IBGC desenvolveram o *Guia das Melhores Práticas de Governança para Fundações e Institutos Empresariais* (2009) onde foram abordadas as melhores práticas brasileiras em temas como Missão e Operações, Titularidade da Entidade, Conselho, Gestão, Auditoria Independente, Conselho Fiscal e Conduta, Conflito de Interesses e Divulgação de Informações.[5]

A autorregulação das organizações da sociedade civil se apresenta como instrumento democrático poderoso e capaz de contrabalançar os princípios constitucionais da liberdade de associação e de iniciativa com o necessário acompanhamento público de atividades de pessoas e entidades, notadamente quando financiadas por recursos governamentais.

Como veremos nos Capítulos 2 e 6 desta obra, o crescimento do número de organizações não governamentais em todo o mundo e a utilização de algumas delas para acobertar ações terroristas e outras iniciativas ilegais, como lavagem de dinheiro e tráfico, deu azo a acalorados debates no governo e na sociedade civil, que resultaram em uma aparente tendência internacional de

---

[5] Disponível em: www.gife.org.br ou www.ibgc.org.br.

19

ênfase na autorregulação do setor, ainda que com suporte em autodeclaradas "voluntárias" diretrizes fixadas pelos governos das economias centrais do mundo.

A legislação da **Suíça** discorre marginalmente sobre regras de governança e prestação de contas de fundações. Por isso, a SwissFoundations, uma associação de fundações doadoras *(grantmakers)* criada em 2001, decidiu criar um grupo de trabalho para fixar regras de autorregulação, que acabou por gerar o documento *Swiss Code of Best Practice for Foundation Governance* (2005), que se baseia em três princípios (transcritos a seguir), desdobrados em 22 recomendações estratégicas.

I – REALIZAÇÃO DA MISSÃO DA FUNDAÇÃO

A fundação é obrigada a conduzir a missão fundacional conforme estabelecido por seu instituidor, e da forma mais efetiva, eficiente e sustentável possível.

A missão da fundação é o ponto de partida e orientação de todas as atividades fundacionais. Os corpos dirigentes da fundação são responsáveis pela efetiva e fiduciária implementação da missão. Quanto mais efetiva, eficiente e permanente for tal implementação, mais estarão cumprindo o mandato estabelecido pelo instituidor. Isso se aplica tanto a negociações envolvendo os ativos da fundação quanto a suas atividades institucionais.

II – CONTROLES BALANCEADOS

A fundação deve assegurar um relacionamento equilibrado entre a gestão e o monitoramento de todas as importantes decisões e negociações, com uso de apropriados procedimentos administrativos e organizacionais.

A fundação não tem membros, sócios ou associados. Ela não tem nenhum instrumento próprio de supervisão à sua disposição, como as assembleias gerais de associados, nas associações, ou de sócios, nas sociedades. A fundação também não pertence a terceiros, pois, de certa forma, pertence a si mesma. Por isso, em seus atos societários, deve a fundação fixar a forma de sua administração, e assegurar que essa administração seja monitorada.

III – TRANSPARÊNCIA

O conselho da fundação deve assegurar que as metas, atividades e estruturas da fundação sejam o mais transparentes possível, de forma apropriada para a missão da entidade.

Como regra, fundações recebem vantagens fiscais. Acima e, além disso, a sociedade civil atribui às fundações um elevado papel social. Por isso, as atividades da fundação devem satisfazer a requerimentos internos e externos de transparência, devendo a fundação apropriadamente informar sobre suas metas, atividades e estruturas.

Composição dos órgãos de administração

Na **Argentina**, de forma ampla, as organizações não lucrativas – na qual estão inseridas as *asociaciones civiles* e as *fundaciones* – são definidas como entidades de *bien público* quando efetivamente *satisfacen la necesidad de terceros, principalmente de los más desfavorecidos o de quienes no podrían de otra forma a acceder a los beneficios que ellas producen* (González Bombal, Roitter e Alfredo Borghi).

21

Em termos de marco constitucional, a Constituição da Argentina, sancionada em 1853, consagra no seu art. 14 o direito de todos os habitantes daquela nação a livremente se associarem conforme lei que regulamente seu exercício. Porém, as associações, pessoas jurídicas de direito privado previstas no art. 33 do Código Civil, ainda não mereceram regulação específica.

Não obstante, destacamos que se encontra em tramitação no Congresso Nacional argentino o *Proyecto de Ley de Asociaciones Civiles*, de autoria do deputado Julio Piumato, apresentado em 17.11.2009, e que propõe pormenorizada normatização (são 106 artigos) para as associações civis sem fins lucrativos que terão como objeto o bem comum.

Este projeto já havia sido apresentado pela senadora Malvina Segui em 19.2.2002, tendo sido aprovado no senado em 19.11.2003. Posteriormente, em nova legislatura, após importantes debates, comentários e observações de juristas locais e de representantes da sociedade civil e do Terceiro Setor, foi novamente apresentado.

Já as fundações, pessoas jurídicas também previstas no art. 33 do Código Civil, têm na Argentina legislação específica (Lei 19.836, de 1972), da qual é interessante ressaltar dois aspectos, relativos a sua constituição.

O primeiro é o dever dos instituidores de apresentar, na ocasião do pedido de obtenção de personalidade jurídica, um "plano trienal de trabalho com base orçamentária", quer dizer, com uma descrição de atividades e indicação de recursos suficientes que demonstrem a possibilidade de sua execução. Tal plano trienal deverá ser aprovado por órgão público (*Departamento de Asociaciones Civiles y Fundaciones*), que examinará a relação e a compatibilidade entre o objetivo da fundação e as atividades propostas e os recursos patrimoniais disponíveis.

O segundo aspecto é a exigência de um aporte patrimonial mínimo, definido em Resoluções do Inspección General de Justicia (I.G.J.), que oscila entre $12.000,00 (doze mil dólares) e $20.000,00 (vinte mil dólares).

O governo e a administração da fundação serão dirigidos por um conselho directivo composto por pelo menos três pessoas e terão todas as atribuições necessárias para dar cumprimento às finalidades de uma fundação, dentro das condições estabelecidas no estatuto. (Lei 19.836, art. 10). É o único órgão de governo essencial para o funcionamento de uma fundação e tem poderes amplos para governar.

De forma distinta da prática brasileira, a lei argentina prevê a instalação de uma Comissão Executiva composta por membros do próprio Conselho de Administração, que, por disposição estatutária, poderá receber por delegação poderes de administração e de governo entre os períodos de reunião do Conselho de Administração.

A lei não prevê a existência de um órgão de controle nos moldes dos nossos conselhos fiscais, embora seja frequente sua criação por disposição estatutária.

A **França**, fiel a sua tradição de estado unitário burocrático, define um estatuto-modelo para todas as fundações que pretendam ser reconhecidas como de utilidade pública.[6] Pelo modelo proposto, as fundações devem ser geridas por um

---

[6] O estatuto-modelo das fundações foi aprovado pelo Conselho de Estado em 2.4.2003.

Conselho de Administração com no mínimo sete e no máximo doze membros, advindos de três grupos obrigatórios de partes interessadas *(stakeholders)*, aos quais poderão se somar mais dois, facultativos. Esses grupos são:

• *Colégio de Fundadores*, composto pelo instituidor e por pessoas indicadas por ele para compor esse colegiado, por prazo indeterminado;

• *Colégio de Membros de Direito (membres de Droit)*, composto por representantes do Ministério do Interior e outros ministérios com afinidade com as atividades fundacionais, escolhidos por prazo indeterminado;

• *Colégio de Personalidades*, composto por pessoas com competência na área de atuação da entidade, escolhidos pelo próprio Conselho de Administração para mandato fixo;

• *Colégio de Empregados*, composto pelos funcionários da entidade, eleitos pelos próprios para mandato fixo; e

• *Colégio de Amigos da Fundação*, composto pelos apoiadores e doadores da entidade, escolhidos pelos próprios por mandato fixo.

Em que pese o reconhecimento do princípio da liberdade de associação, o Estado Francês também propõe um modelo de estatuto para as associações que pretendam o reconhecimento de utilidade pública após o seu terceiro ano de existência. Pela "sugestão" do Ministério do Interior (vigente desde 1991), a assembleia de associados elege, dentre seus membros, o Conselho de Administração, podendo, ainda, em circunstâncias particulares que o justifiquem, admitir membros de direito ou funcionários, embora em número limitado. Esse Conselho elege, dentre seus membros, uma diretoria *(Bureau)* composta por um presidente, um ou mais vice-presidentes, um secretário, um tesoureiro e um tesoureiro adjunto.

Em ambos os estatutos-modelo, as atribuições de conselheiro são pessoais e gratuitas e somente podem ser delegadas a outro membro do Conselho, que não poderá acumular mais de uma representação. O Conselho se reúne duas vezes ao ano e elege seu próprio presidente e a Diretoria, que se reúne ao menos quatro vezes por ano. O presidente é o representante da entidade em todos os atos da vida civil, inclusive perante os bancos.

Embora, nas fundações, o Conselho tenha competência para alterar o estatuto, essa deliberação deve ocorrer em duas reuniões separadas por intervalo mínimo de dois meses, por voto de 3/5 dos membros do órgão. Nas associações, a competência é privativa da assembleia de associados e as alterações só podem ocorrer com a presença de *quorum* mínimo de ¼ dos associados e aprovação de 2/3 dos presentes. Os estatutos--modelo que, como dito, são concebidos para entidades que pleitearão o reconhecimento de utilidade pública, contêm artigos que determinam a necessária aprovação do governo francês para a eficácia de qualquer alteração de suas disposições ou para a deliberação que pretenda extinguir a entidade (Conseil d'Etat, Les Associations Reconnues d'Utilité Publique).[7] Essa prática, na verdade, decorre do sistema de reconhecimento de

---

[7] Artigo 13-1 do Decreto de 16.8.1901. Ver, ainda, Conseil d'Etat, *Les Associations Reconnues d'Utilité Publique*. La Documentation Française: Paris, 2000.

utilidade pública: como a transcrição dos estatutos compõe o decreto de reconhecimento, qualquer modificação exigirá novo decreto do Conselho de Estado ou, eventualmente, ato análogo do ministro do Interior e, por isso, esses órgãos devem apreciar a modificação.[8]

Situação análoga é observada no **Chile,** onde o Decreto Supremo 292, de 19.3.1990, estabeleceu um estatuto-modelo a ser adotado pelas associações (*corporaciones*) que pretendam ser reconhecidas como "Organizações Não Governamentais de Desenvolvimento".[9]

Gestão de conflitos de interesses

A legislação dos **EUA** impõe procedimentos específicos para a gestão de fundações privadas (*private foundations*) e entidades beneficentes (*public charities*).

Preliminarmente, para usufruir das vantagens fiscais, a norma exige que a entidade:

(i) tenha finalidades filantrópica, educacional ou científica;

(ii) não distribua lucros;

(iii) não se envolva em campanhas políticas; e

(iv) não busque influenciar o processo legislativo ou decisões governamentais (*lobbying*).

Adicionalmente, todas as demais exigências legais sobre a governança giram em torno do *conceito central* de *pessoa*

---

[8] Conforme artigo 13-1 do Decreto de 16.8.1901, que regulamentou a Lei de 1°.7.1901, que trata das associações.

[9] Disponível em www.bcn.cl

desqualificada. Transações que são legais para uma entidade beneficente podem ser completamente ilegais para uma fundação privada se tal transação envolver uma pessoa desqualificada.

Para os fins da legislação regente das fundações privadas norte-americanas, o Código Tributário Federal (*IRS Tax Code*) define como pessoa desqualificada:

• um contribuinte substancial da organização [Section 4946, § 507 (d)(2)];

• um administrador da fundação, isso é, um executivo, diretor ou conselheiro ou qualquer outra pessoa que tenha equivalentes responsabilidades e poder e, também para qualquer ato ou omissão, qualquer empregado da fundação que tenha autoridade ou responsabilidade por tal ato ou omissão;

• o detentor de mais de 20% de qualquer entidade que seja um contribuinte substancial;

• um membro da família de qualquer das pessoas indicadas nos itens precedentes, considerando-se como tal o cônjuge, os filhos, netos e bisnetos; os cônjuges dos filhos, netos e bisnetos; e os pais, avós e bisavós;

• uma corporação, sociedade ou truste em que as pessoas indicadas nos quatro itens precedentes detenham mais de 35% do poder de voto ou direito a dividendos.

Tomando por base o conceito de pessoa desqualificada, a legislação proíbe que a fundação se engaje em negócios com tais pessoas, ainda que justos e interessantes à fundação, como, por exemplo, a compra, permuta ou locação de um imóvel. O proveito do benefício também é importante, pois enquanto o uso gratuito de um imóvel

27

da fundação pela pessoa desqualificada é proibido, o inverso não o é.

A fundação também é proibida de conceder empréstimos às pessoas desqualificadas ou de tomar empréstimos destas, salvo, neste último caso, se for sem juros ou qualquer outro custo adicional.

A aquisição de bens ou serviços de uma pessoa desqualificada, pela fundação, é igualmente proibida e a venda no sentido reverso somente é autorizada se for praticada em condições rigorosamente iguais àquelas ofertadas ao público em geral.

A fundação somente pode efetuar algum pagamento ou reembolsar despesas de uma pessoa desqualificada se forem observadas simultaneamente duas condições:

(i) por serviços pessoais que sejam razoáveis e necessários para a execução da atividade fim da fundação; e

(ii) a custo razoável e não excessivo nas circunstâncias.

Ainda no tema de governança, é de se notar que a legislação norte-americana obriga os dirigentes das fundações privadas a investirem ao menos 5% do total de seus ativos nos objetivos estatutários, incluídos razoáveis e necessários custos administrativos para manutenção de tais objetivos. Nos **EUA,** é comum que tais ativos sejam preponderantemente compostos por ações e outros títulos emitidos por companhias. Ciente desse fato, a norma proíbe que a fundação detenha, junto com as pessoas desqualificadas, mais de 20% de qualquer companhia, na medida em que isso poderá implicar dificuldades de realização, por venda, de tais ativos. Também buscando evitar que as fundações percam parcelas substanciais de seus ativos em investimentos de alto risco ou que tornem difícil a continuidade de suas atividades (baixa liquidez, por exemplo), a norma prevê que, em tais situações, a fundação e seus administradores sejam taxados em 5% do montante investido.

A concessão de vantagens excessivas a funcionários e dirigentes ou qualquer tipo de vantagens para dirigentes estatutários ou pessoas que tenham poder de influência no processo decisório também é vedada. Caso esta última situação ocorra, as partes envolvidas deverão provar que a transação realizada foi feita em bases razoáveis e não foi lesiva aos interesses da entidade, sempre com amparo em evidências documentais.

A **Espanha**, a exemplo do Brasil, ao editar a Lei das OSCIP, proibiu que os fundadores, associados, conselheiros, representantes legais e membros dos órgãos de governo de entidades sem fins lucrativos, bem como seus cônjuges e parentes até quarto grau, sejam os destinatários principais das atividades realizadas pelas entidades, proibindo ainda que se beneficiem de condições especiais para utilizar os serviços da instituição (Lei 49, de 23.12.2002, art. 3º, 4; Lei 50, de 26.12.2002, art. 3º, 3).

Também o **México**, com a *Ley Federal de Fomento a las Actividades Realizadas por Organizaciones de la Sociedad Civil*, de 15.12.2003, impediu as entidades de receberem apoios e estímulos públicos, se verificadas quaisquer das seguintes situações (art. 8º, I e II):

• existência de relações de interesse ou nexo de parentesco por consanguinidade ou afinidade até o quarto grau, ou relação conjugal, entre os dirigentes da entidade e os servidores públicos encarregados de outorgar ou autorizar os apoios e estímulos públicos;

- contratação, com recursos públicos, de pessoas com nexo de parentesco com os dirigentes da entidade, seja por consanguinidade ou afinidade, até o quarto grau.

A **França** adota enfoque interessante sobre conflito de interesses. Em uma primeira dimensão, os franceses proíbem que as fundações ou associações recebam bens com cláusula de usufruto do doador. Em segundo lugar, estimulam o fortalecimento da legitimidade do processo decisório interno das associações, que só recebem o reconhecimento de utilidade pública se o seu processo de tomada de decisão tiver caráter democrático e estiver de acordo com os estatutos. Esse aspecto é reforçado ainda pela prática de só outorgar o reconhecimento a entidades que tenham no mínimo duzentos associados.[10] Uma terceira dimensão abrange o aparente paradoxo entre a participação voluntária no Conselho (e na Diretoria) e o profissionalismo na gestão da entidade.

Como vimos anteriormente, o direito francês autoriza a participação de funcionários da entidade em seu próprio Conselho de Administração, entendendo que o pagamento de salário, sendo contrapartida de trabalho executado fora do colegiado, não viola o requisito de exercício voluntário do cargo de conselheiro. Todavia, para assegurar que a entidade não vivencie situações de conflito de interesses que possam desfigurar o seu caráter não lucrativo,[11] não se admite que mais de ¼ dos cargos

---

[10] É de se destacar que, de acordo com a lei francesa, uma associação pode ser constituída por apenas duas pessoas (Lei de 1.7.1901, art. 1º).

[11] "Considerando, além disso, o campo de oportunidade que o desejo natural dos trabalhadores em defender seus interesses vis-à-vis seus empregadores podem levá-los a não dar importância total ao objetivo institucional desinteressado da entidade" (Avis 304.662 du Conseil d'Etat du 22 octobre 1970)

do Conselho de Administração seja ocupado por empregados, proibindo-se ainda que tais conselheiros empregados sejam eleitos para a Diretoria *(Bureau)*. Sob outra perspectiva, a necessária profissionalização das entidades legitimou a admissão de um executivo, usualmente denominado Diretor-Geral, para coordenar os empregados operacionais. Porém, como bem apontado pelo Conselho de Estado, essa prática compreende o risco de o Diretor-Geral se tornar o "dirigente de fato", notadamente se os órgãos estatutários adotarem perfil meramente homologatório.[12] Embora reconhecendo que a situação é de difícil solução por ato normativo, a prática francesa determina que o Diretor-Geral não seja associado ou membro dos órgãos estatutários. Recomenda, ainda, que os dirigentes estatutários, sendo fiadores do pacto associativo, atuem com a compreensão de que têm a função e a responsabilidade de velar pela realização do objetivo social da entidade. Já no que concerne à remuneração do Diretor-Geral, com o intuito de assegurar que tenha sido fixada no interesse da entidade, determina a prática francesa que o tema não seja de alçada do presidente, mas objeto de deliberação dos órgãos colegiados da entidade, determinando ainda que os salários mais elevados sejam informados nos relatórios anuais, para permitir que sejam conhecidos pelos associados, membros dos órgãos dirigentes e doadores em geral.

No Brasil, vale a pena destacar que as leis de diretrizes orçamentárias (LDO) também têm se preocupado com o conflito de interesses no repasse de recursos governamentais a entidades

---

[12] Ver Conseil d'Etat, *Les Associations Reconnues d'Utilité Publique*. La Documentation Française: Paris, 2000. p. 36-38.

sem fins lucrativos, como se observa na destinação de recursos federais a título de subvenções sociais na atual LDO (Lei 12.309, de 9.8.2010, art.37, §3°):

> A destinação de recursos a entidade privada não será permitida nos casos em que agente político de Poder ou do Ministério Público, tanto quanto dirigente de órgão ou entidade da administração pública, de qualquer esfera governamental, ou respectivo cônjuge ou companheiro, bem como parente em linha reta, colateral ou por afinidade, até o segundo grau, seja integrante de seu quadro dirigente, ressalvados os casos em que a nomeação decorra de previsão legal ou que sejam beneficiados:
>
> a) o Conselho Nacional de Secretários de Saúde (Conass), o Conselho Nacional de Secretarias Municipais da Saúde (Conasems) e o Conselho Nacional de Secretários de Educação (Consed);
>
> b) as associações de entes federativos, limitada a aplicação dos recursos à capacitação e ao treinamento de pessoal dos associados; ou
>
> c) os serviços sociais autônomos destinatários de contribuições dos empregadores incidentes sobre a folha de salários.

Ressaltamos que previsão legal com esse perfil foi inserida pela primeira vez na LDO de 2006 (Lei 11.439, de 29.12.06), que vedava a destinação de recursos a entidades privadas em que membros do Poder Legislativo da União, Estados, Distrito Federal e Municípios, ou respectivos cônjuges ou companheiros, sejam proprietários, controladores ou diretores (art. 36, §5°). Desde então, tem sido mantida a cada ano, com poucas alterações.

Remuneração de dirigentes

A **Espanha**, alinhada com a prática de diversos outros países, proíbe que o exercício das atribuições de dirigente seja remunerado, mas, a exemplo do Brasil, quando da edição da Lei das OSCIP, autoriza que os conselheiros, representantes estatutários ou membros dos órgãos dirigentes sejam remunerados por serviços prestados à entidade, inclusive sob relação de emprego, desde que tais atividades não sejam compreendidas nas suas atribuições como dirigentes, valendo tais limitações inclusive para a administração de sociedades em que a entidade tenha participação (Lei 49, de 23.12.2002, art. 3°, 3; Lei 50, de 26.12.2002, art. 15, 4).

A lei espanhola (Lei 49, de 23.12.2002) inclusive ressalta que tais pessoas não poderão participar dos resultados econômicos da entidade, nem por si mesmas, nem por intermédio de interposta pessoa ou entidade. Observe-se também que a diretoria, mediante prévia autorização do órgão público de controle, poderá fixar retribuição adequada àqueles dirigentes que prestem à fundação serviços distintos dos que lhes são incumbidos estatutariamente (Lei 50, art. 2, 4).

Na **França,** embora autorizando-se a participação de funcionários da entidade em seu próprio Conselho de Administração, estes somente podem ser remunerados pelo trabalho executado fora do colegiado, visto que o exercício do cargo de conselheiro é voluntário (Conselho de Estado, Orientação 304.662, de 22.10.1970).[13]

---

[13] "Mesmo que a expressão 'vantagens' devesse, na espécie, ser interpretada em sentido amplo, ela não incluiria os salários, pois estes são a contrapartida de um trabalho ou serviço; portanto, o artigo 10 da Lei de 1°.7.1901 não impede que um empregado, nessa condição, pertença ao conselho de administração da associação que o empregue, desde que o vínculo de subordinação derivado do contrato de trabalho não seja incompatível com as funções de administrador."

Capítulo II

Accountability e Prestação de Contas

Entidades como veículos para a prática de atos criminosos

Os eventos de 11 de Setembro trouxeram profundas modificações ao sistema de financiamento de entidades sem fins lucrativos, notadamente após a descoberta de que projetos aparentemente inocentes estavam sendo usados para coletar fundos e acobertar terroristas.[14] A partir de então, a comunidade internacional avançou na edição de regras contra a lavagem de dinheiro e para combate ao terrorismo, sendo uma das primeiras iniciativas os estudos do Grupo de Ação Financeira sobre a Lavagem de Dinheiro,[15] da Organização de Cooperação e Desenvolvimento

---

[14] Ver exemplo 1 das tipologias de mau uso de organizações sem fins lucrativos pelo terrorismo, anexo ao documento *FATF Financial Action Task Force on Money Laundering: Combating the abuse of Non-Profit Organizations – International Best Practices*. V. trad. Cap. VI: "Combatendo o Abuso de Organizações sem Fins Lucrativos..."

[15] O Grupo é composto pelos Estados Unidos, todos os países da União Europeia (Áustria, Bélgica, Dinamarca, Espanha, Finlândia, França, Grécia, Holanda, Irlanda, Itália, Luxemburgo, Portugal, Suécia e Reino Unido), Argentina, Austrália, Brasil, Canadá, China, Islândia, Japão, México, Nova Zelândia, Comissão Europeia e Conselho de Cooperação do Golfo.

Econômico ("OCDE") que levaram à edição, em Outubro de 2002, de um guia de melhores práticas (MELHORES PRÁTICAS DA OCDE).[16]

Tendo em vista a diversidade da forma de constituição de entidades sem fins lucrativos no mundo, o enfoque adotado pela OCDE BEST PRACTICES levou em conta aspectos funcionais na operação dessas entidades, em detrimento de sua forma legal. Portanto, aos olhos do mundo, uma fundação e uma associação civil de direito brasileiro não têm diferenças pelo fato de adotarem formas distintas. O mesmo critério foi adotado pelo Departamento do Tesouro dos **EUA** em suas diretrizes para as melhores práticas voluntárias de financiamento de entidades sem fins lucrativos por organizações baseadas nos Estados Unidos, divulgadas em novembro de 2002 (MELHORES PRÁTICAS DOS EUA).[17]

Logo depois, com um claro olho sobre o desvio de finalidade de entidades sem fins lucrativos, a Comissão Europeia editou uma minuta de recomendações aos Estados-Membros da **União Europeia** sobre a adoção de um código de conduta voluntário

---

[16] Documento *FATF Financial Action Task Force on Money Laundering: Combating the abuse of Non-Profit Organizations – International Best Practices* (10/2002). Disponível em http://www.fatf-gafi.org/dataoecd/53/53/34260889.pdf . V. trad. Cap. VI: "Combatendo o abuso de organizações sem fins lucrativos".

[17] Documento *US Department of Treasury Anti-Terrorism Financing Guidelines: Voluntary Best Practices for US-Based Charities* (11/2002, Rev. 12/2005). Disponível em http://www.ustreas.gov/offices/enforcement/key-issues/protecting/charities-intro.shtml . V. trad. Cap. VI: "Diretrizes de Financiamento Antiterrorista: Práticas Voluntárias Recomendadas para Instituições de Caridade com Base nos EUA".

para entidades sem fins lucrativos, visando promover as melhores práticas de transparência e prestação de contas (MELHORES PRÁTICAS DA UNIÃO EUROPEIA).[18]

O recrudescimento das medidas mundiais e, especialmente, norte-americanas contra a lavagem de dinheiro e uso de entidades sem fins lucrativos como porta de entrada para o financiamento do terrorismo internacional tornam essencial a adaptação do modelo de gestão de entidades brasileiras interessadas em manter e/ou ampliar suas fontes de financiamento internacional.

Um dos principais focos de preocupação internacional é a gestão financeira das entidades e a sua capacidade de tornar públicas suas contas e manter seus registros contábeis dentro de padrões geralmente aceitos, capazes de assegurar sua exatidão. Assim, são consideradas melhores práticas:

• elaboração e aprovação, pelo órgão interno próprio, de orçamento de atividades, detalhando a natureza das despesas, programas e parceiros;

• realização de auditoria independente de contas;

• divulgação das demonstrações financeiras completas, elaboradas dentro dos princípios contábeis geralmente aceitos (GAAP) e firmadas pelos representantes legais;

---

[18] Documento *Draft Recommendations to Member States Regarding a Code of Conduct for Non-profit Organizations to Promote Transparency and Accountability Best Practices*. Disponível em http://ec.europa.eu/home-affairs/news/consulting_public/consulting_public_en.htm. V. trad. Cap. VI: "Projeto de Recomendações aos Estados-Membros sobre um Código de Conduta para as Organizações sem Fins Lucrativos para Promover Melhores Práticas de Transparência e Prestação de Contas".

• gestão dos recursos em contas bancárias frente a instituições financeiras idôneas, com manutenção de documentação de suporte (contratos, notas fiscais, recibos etc.) para todas as transações efetuadas.

Além da transparência financeira, a qualidade da gestão da entidade é primordial, sendo, nesse sentido, importante que seja organizada com atendimento das seguintes melhores práticas:

• o Estatuto Social deve definir claramente os objetivos da instituição, seu modelo de gestão, origem e aplicação de recursos e demais informações pertinentes;

• a entidade deve ter uma política de gestão de conflitos de interesse;

• os membros da administração da entidade devem ser claramente identificados e devem reunir-se regularmente, registrando suas decisões em atas, tornando-as públicas;

• os relatórios anuais, contendo razoável descrição das atividades desenvolvidas e dos projetos financiados, devem ser elaborados e tornados públicos aos interessados.

Tão importante quanto saber quanto se gasta e quem decide o gasto, é necessário identificar a qualidade da atividade em que é gasto o dinheiro da entidade. Para as entidades que financiam projetos de terceiros, isso é mais importante, pois é possível que, agindo de boa-fé, acabem por dar mau destino a seus recursos. Nesse sentido, dentre as melhores práticas devem estar:

• a identificação clara de cada um dos projetos, dos parceiros envolvidos e dos beneficiários;

• a manutenção de banco de dados permanente, contendo informações sobre a natureza de cada projeto, a causa e/ou população atendida, detalhamento dos valores investidos, mecanismos de prestação de contas, dados da entidade beneficiária e pessoas responsáveis e outras informações julgadas relevantes;

• a prática de visitas periódicas aos projetos, programadas ou não, para acompanhamento de sua execução, com relatórios escritos e fotos;

• o estrito cumprimento dos orçamentos e programas de atividades aprovados previamente.

Os três documentos citados são apresentados no Capítulo 6 deste estudo e merecem atenção redobrada de quaisquer pessoas engajadas em futura reforma legislativa.

Em nosso entendimento, o cumprimento dos mesmos critérios pela legislação brasileira possibilitará dois resultados relevantes: primeiro, o compromisso brasileiro com o combate ao terrorismo e aos crimes financeiros, que elevará o seu *status* moral entre as nações desenvolvidas; segundo, a demonstração da capacidade de nossas entidades sem fins lucrativos de gerir adequadamente os recursos que receberem do exterior, assegurando um "grau de investimento" capaz de preservar o fluxo de recursos da cooperação internacional, que historicamente desempenhou papel relevante no financiamento do Terceiro Setor brasileiro.

Fundações como veículos financeiros

Nas **Ilhas do Canal**, particularmente em **Jersey**, é possível a instituição de uma fundação. Entretanto, a Lei de Fundações

39

de 2008 é extremamente frouxa em controles e transparência, pois o único documento registrado e disponível para consulta pública (*Charter*) deve indicar apenas o nome da entidade, o seu objeto genérico, os nomes e endereços de seu conselho, a dotação inicial e as regras para sua extinção. Mesmo assim, tais dados são parciais, pois não é obrigatória a divulgação do nome do instituidor e dos beneficiários ou categorias de beneficiários contemplados em seu objeto. Todos os demais detalhes, inclusive regras para tomada de decisão, são previstos em documento em separado (*Regulation*), só acessível a pessoas nele indicadas. Por isso, as fundações de Jersey são utilizadas como alternativa para os trustes e as sociedades *holding*, os tradicionais veículos financeiros para proteção de ativos, gestão de patrimônio familiar ou mesmo para fins filantrópicos.

Tradicionalmente, a fundação (*Stiftung*) do **Liechtenstein** se prestava a papel semelhante. Por isso, após a sua inclusão na lista negra do Grupo de Ação Financeira sobre a Lavagem de Dinheiro, em 2002, e a descoberta de que cidadãos alemães estavam se valendo de fundações do Liechtenstein para ocultar bens, esse principado, um país de direito codificado, houve por bem passar a regular suas fundações por lei especial, com 41 artigos, desde 2008.[19] A principal modificação foi a criação de duas categorias de fundações: as de fins privados (para gestão de patrimônio familiar, por exemplo) e as filantrópicas. A exemplo da **Suíça**, país de forte influência legislativa no Liechtenstein e igualmente pressionado por mais transparência, as fundações

---

[19] A *Due Diligence Law* (SPG) de 2004 já dispunha sobre exigências para evitar lavagem de dinheiro com uso de pessoas jurídicas domiciliadas no Liechtenstein.

filantrópicas têm seus atos constitutivos registrados em notário, cabendo a seu instituidor fixar objetivos e beneficiários da entidade, os quais poderão ser modificados no futuro, mas apenas pelo próprio instituidor, pois a lei reconhece que tal direito é personalíssimo, não sendo passível de transferência a terceiros, nem mesmo por herança.[20] Também alinhada com a prática suíça, todas as fundações filantrópicas são sujeitas à supervisão de órgão estatal (*Foundation Supervisory Authority*) e devem ainda ter suas contas obrigatoriamente submetidas a um auditor independente, cuja atribuição vai além da tradicional auditoria de contas, eis que lhe incumbe verificar se os ativos da fundação foram administrados com cuidado e de acordo com os propósitos institucionais.

O movimento legislativo do Liechtenstein e da Suíça parece indicar uma preocupação dos pequenos países europeus em não mais assegurar sua competitividade econômica sobre os pilares do sigilo e da baixa tributação, notadamente com o desvirtuamento de fundações, tipos jurídicos que tradicionalmente se prestam a fins de interesse público. Nesse aspecto, parece-nos relevante destacar que o **Luxemburgo**, embora tendo por muito tempo oferecido sigilo e vantagens fiscais com suas sociedades *holdings*,[21] sempre preservou suas fundações.

---

[20] Na Suíça, o direito de alterar o estatuto se extingue com a morte do instituidor. Se este for uma pessoa jurídica, o direito se extingue no vigésimo aniversário da instituição. Qualquer modificação de propósito, porém, deve respeitar uma carência de dez anos da constituição ou da última modificação estatutária, assegurada a manutenção de finalidades filantrópicas ou de utilidade pública.

[21] Apenas a título de ilustração, a sociedade *holding* de 1929 foi questionada pela Comissão Europeia sob o argumento de que era uma forma de subsídio estatal.

As fundações e associações sem fins lucrativos luxemburguesas são governadas por lei específica desde 1928,[22] que somente autoriza a instituição de fundações sem fins lucrativos com propósitos de benefício público (filantrópicos, religiosos, científicos, artísticos, pedagógicos, sociais, esportivos ou de turismo), mediante ato constitutivo lavrado em forma de escritura ou por disposição testamentária, dependendo sua instituição de decreto do Grão-Duque que, se negado, poderá ser suprido por decisão de um tribunal administrativo. De forma a assegurar ampla transparência, os estatutos, os nomes e as qualificações dos dirigentes, e suas subsequentes modificações, devem ser publicados no diário oficial (*Mémorial*) e registrados no registro de comércio. As fundações luxemburguesas devem, ainda, prestar contas anualmente ao Ministério da Justiça, até dois meses depois do encerramento do ano social, devendo publicar suas demonstrações financeiras no diário oficial no mesmo período. O Ministério Público ou qualquer parte interessada tem legitimidade para solicitar ao Judiciário a destituição de quaisquer dirigentes que tenham agido imprudentemente ou contrariamente às suas obrigações legais ou estatutárias, ou que tenham utilizado os ativos da fundação em finalidade diversa daquela prevista em seus estatutos ou para fins contrários ao interesse público.

Sob outra perspectiva, a atuação ampliada de uma fundação no Liechtenstein pode ser debitada à tradição legal germânica. Nos **Países Baixos**, por exemplo, as fundações (*stichting*) são

---

Desde 20.7.2006, nenhuma nova sociedade foi criada. Até 31.12.2010, todas deverão se adaptar ao novo regime legal das Sociedades de Patrimônio Familiar.

[22] Loi du 21 avril 1928 sur les associations et les fondations sans but lucratif, telle qu'elle a été modifiée en 1984, 1994, 2001 et 2002.

definidas como "pessoas jurídicas criadas por atos com efeitos legais, sem membros e cujo propósito é realizar um objetivo definido em seus estatutos usando o capital alocado para tal propósito".[23] Por isso, podem se dedicar a fins outros que aqueles de interesse ou benefício público, como a gestão de ativos familiares. Não obstante, todas as fundações são submetidas à supervisão do Ministério Público e quaisquer interessados podem pleitear no Judiciário a destituição de dirigentes[24] ou mesmo a alteração dos estatutos ou a dissolução da entidade. Também, independentemente de seus propósitos públicos ou privados, as fundações neerlandesas devem levantar anualmente suas demonstrações financeiras e, para aquelas que se dediquem a finalidades comerciais (assim entendidas aquelas que competem com sociedades comerciais) e tenham faturamento anual superior a € 4,4 milhões, é obrigatória a publicação de suas demonstrações financeiras em até oito dias depois de sua aprovação pelo órgão societário com tal atribuição.[25] Todas as entidades de benefício público, sejam fundações ou associações, assim declaradas pelas autoridades fiscais, têm o seu reconhecimento divulgado no sítio da internet do Ministério das Finanças.[26]

---

[23] Código Civil (*Burgerlijk Wetboek*) Livro 2, artigo 285.

[24] A destituição de dirigentes se baseia no dever fiduciário que lhes é atribuído pela lei. Por isso, todos são solidariamente responsáveis por quaisquer falhas de gestão, salvo se ficar evidenciado que a falha é de responsabilidade exclusiva de outro dirigente e que nenhum dever de tomar medidas para prevenir ou remediar a falha lhe eram atribuídas. Essa responsabilidade alcança, inclusive, as obrigações tributárias e créditos de terceiros, notadamente em caso de insolvência da fundação.

[25] Código Civil (*Burgerlijk Wetboek*), Livro 2, Parte 9.

[26] Disponível em: http://www.minfin.nl

Fundações e entidades tradicionais

O controle da transparência das entidades sem fins lucrativos nos **EUA** é feito tanto em nível estadual como federal, sendo mais relevante o primeiro, em face do seu modelo federativo. Em muitos estados, o Ministério Público tem poderes para supervisionar e regular as entidades, que devem apresentar relatórios periódicos. Os estados de Nova York e Califórnia, por exemplo, fazem tal exigência e colocam os relatórios à disposição do público em geral. De acordo com o padrão legal norte-americano, os administradores da entidade têm dever fiduciário na sua gestão e, assim, em caso de quebra de tal dever, podem ser compelidos pelo Ministério Público a reparar o dano causado, notadamente, se o prejuízo causado decorreu de atos praticados sem avaliações adequadas de impacto. Os procedimentos para campanhas de coletas de fundos são usualmente objeto de regulação estadual, que variam amplamente de um estado para outro.

O controle federal se dá basicamente pela concessão da condição de isento e posterior acompanhamento dessa situação, pela apresentação de declaração fiscal anual (formulário IRS 990) e fiscalizações. Esse formulário é bem detalhado e específico para o setor sem fins lucrativos, tendo versões distintas para entidades beneficentes (990),[27] fundações privadas (990-PF)[28] e rendas não relacionadas com a atividade-fim da entidade (990-T).[29]

---

[27] Disponível em: http://www.irs.gov/pub/irs-pdf/f990.pdf

[28] Disponível em: http://www.irs.gov/pub/irs-pdf/f990pf.pdf

[29] Disponível em: http://www.irs.gov/pub/irs-pdf/f990t.pdf

Ao mesmo tempo em que as entidades sem fins lucrativos anglo-saxãs têm ampla liberdade de gerir seus recursos ("porque são privados"), não estão protegidas pelo sigilo fiscal, tendo suas detalhadas declarações de imposto de renda disponibilizadas a qualquer cidadão pela própria autoridade fiscal ("porque são dedicadas a uma causa pública") e, mais recentemente, em sítios da Internet (www.guidestar.org e www.guidestar.org.uk).

Esse enfoque é inverso àquele observado no direito continental europeu, em que as entidades têm restrições para gerir os seus recursos ("porque são dedicados a uma causa pública"), mas têm sigilo fiscal ("porque são privadas"). Com isso, no *Common Law*, observa-se uma tendência expansionista, tanto nas operações quanto na transparência, ao passo que no *Civil Law* a tendência é reversa, mais restritiva.

Não obstante, as entidades sem fins lucrativos europeias estão profundamente envolvidas em duas frentes legislativas, sendo a primeira a integração das legislações nacionais no espírito da **União Europeia** e no propósito de criar uma lei geral de associações e fundações europeias,[30] e a segunda, a construção de um marco regulatório adequado nos países do leste europeu, visando ao fortalecimento de sua sociedade civil nessa fase pós--comunismo (European Foundation Centre).

É interessante notar que os diversos estudos, recomendações e projetos de lei existentes ao redor do mundo buscam separar as entidades de interesse público das demais entidades sem fins lucrativos, em uma clara mensagem de que o Terceiro Setor não é sinônimo de setor sem fins lucrativos, e, para tanto, propõem-se a fixar

---

[30] EUROPEAN FOUNDATION CENTRE. *Rethinking our legal and fiscal environments*. Bruxelas: EFC, 2003.

um melhor padrão de transparência e governança. A legislação brasileira das OSCIP está alinhada a essa corrente.

No que concerne à transparência, o projeto de 2003 do European Foundation Centre prevê que as fundações são obrigadas a manter adequado registro contábil e documentação de suporte de suas operações, provendo um relatório anual de suas atividades para a autoridade administrativa de controle, listando as doações feitas (mas levando em conta o direito de privacidade do beneficiário) e, para as grandes fundações, submetendo-se a auditoria externa.

O projeto não considera obrigatório, mas apenas desejável, que as demonstrações financeiras e relatórios de atividade sejam tornados publicamente disponíveis pela fundação. Recomenda ainda que as fundações busquem manter coerência entre os diferentes registros contábeis, relatórios de atividades e pareceres de auditorias.

O modelo, embora claramente inspirado no guia de boas práticas para leis de organizações não governamentais divulgado pelo Banco Mundial em 1997, em face da direta transcrição de algumas de suas propostas, não propôs tantos avanços quanto este, na medida em que o modelo do Banco Mundial é mais rigoroso na divulgação de remunerações e demais informações financeiras ao público em geral. Ficou também muito aquém do nível de transparência exigido das fundações norte-americanas, pois mantém o sigilo fiscal e não amplia a qualidade ou quantidade de informações a serem disponibilizadas nos relatórios divulgados (WORLD BANK ENVIROMMENT DEPT).[31]

---

[31] WORLD BANK ENVIRONMENT DEPARTMENT. *Handbook on good practices for laws relating to non-governmental organizations*. Washington: WB, 1997.

É fato, contudo, que o aprimoramento da transparência é tema recorrente no debate sobre reforma legislativa. Por exemplo, a sexta diretriz proposta pela Commonwealth Foundation,[32] de Londres, ainda em 1995, já determinava que as ONGs, fundações incluídas, deveriam *publicar e disseminar* seus relatórios anuais e demonstrações financeiras, bem como avaliações e análises destes, usando a mídia como um instrumento de divulgação de suas atividades (The Commonwealth Foundation).

Na **Espanha**, em situação aparentemente única no mundo, a instituição de fundações foi alçada a direito constitucional (Art. 34). Este direito tem de ser compreendido dentro do marco da função social da propriedade, que permite ao legislador estabelecer limites e inclusive expropriar. Porém, em relação ao direito de fundação, os poderes públicos e os legislativos estatais não devem adotar uma ação de coação expropriatória ou imposição de limitações, mas, pelo contrário, uma estratégia de estímulo (Tomas-y-Valiente).[33]

Todas as fundações com ativos ou receitas superiores a € 2,4 milhões ou mais de cinquenta empregados são obrigadas a se submeterem a auditoria externa antes de terem suas contas apreciadas pelo respectivo Conselho *(Patronato)* e pelo órgão público de controle *(Protectorado)*. Uma vez aprovadas, as prestações de contas serão depositadas no Registro de Fundações,

---

[32] THE COMMONWEALTH FOUNDATION. Non-governmental organizations: guidelines for good policy and practice. Londres: Commonwealth Foundation, 1995. In: KONUGI, Tatsuro. *Codes of conduct for partnership in governance:* texts and commentaries. Tokyo: United Nations University Press, 1999. p. 70 a 79.

[33] TOMAS-y-VALIENTE. *Comentários a La Ley de Fundaciones y de Incentivos Fiscales.* Madrid, 1995. p. 31.

onde estarão disponíveis para a consulta de qualquer cidadão (Lei 50, de 26.12.2002, art. 25,5). Para as entidades menores, conforme destacado na exposição de motivos da lei, foram flexibilizados e simplificados os procedimentos de prestação de contas, especialmente os de caráter econômico e financeiro, desde que cumpridos os requisitos estabelecidos para sociedades mercantis de dimensão análoga.

Na **França**, as fundações devem prestar contas a múltiplos órgãos públicos, com destaque para o governo local *(Préfet du département)* ao Ministério do Interior e ao Ministério da área afim à atividade da fundação, sendo igualmente requerido que suas contas sejam apreciadas por um ou mais auditores *(Commissaire aux comptes)*. Essas obrigações, com exceção da auditoria, são também impostas às associações reconhecidas como de utilidade pública.

Como regra geral, as fundações francesas não podem gastar o seu fundo patrimonial, que deve incorporar os juros e outros recursos para manter o seu poder de compra. Somente com a lei 87.571, de 23.7.1987, foi introduzida autorização legal para constituição de fundações com fundos consumíveis *(fondations à dotation consomptible)*.

Em 1990, com a edição da Lei 90.559, de 4.7.1990, surgiram as fundações corporativas constituídas por prazo determinado e de acordo com plano de trabalho plurianual específico *(fondations d'enterprise)*, sendo-lhes autorizado receber em parcelas o aporte da dotação inicial da empresa instituidora, desde que por prazo não superior a cinco anos. Curiosamente, essas fundações são proibidas de receber doações do público em geral, sob pena de perda da autorização de funcionamento (art. 19-8).

Outra característica interessante do regime legal francês criado em 1990 são as *fondations abritées* ou fundações abrigadas, que representavam 811 fundações do total de 1.842 fundações existentes na França em 31.12.2009.[34] Essas fundações não têm personalidade jurídica, constituindo-se como fundos designados regulados por contrato entre o instituidor e uma fundação reconhecida de utilidade pública.

Assim, essas fundações se beneficiam da capacidade de receber doações da fundação de utilidade pública, com razoável autonomia financeira e de comunicação, sem os custos administrativos decorrentes. Ademais, possibilitam a destinação de fundos mais modestos do que aqueles necessários para a instituição de uma fundação autônoma. Com isso, têm capacidade de ofertar, em um país de direito codificado, vantagens assemelhadas aos trustes existentes nos países de direito consuetudinário. Essas fundações costumam ser abrigadas na Fondation de France ou no Institut de France.[35]

No **México**, a *Ley Federal de Fomento,* de 15.12.2003, impõe às entidades registradas o dever de prestar contas à Comissão de Fomento, compreendendo os programas, atividades, beneficiários, fontes de financiamento nacionais e/ou estrangeiras, patrimônio, operação administrativa e financeira e uso dos

---

[34] Conforme dados do Centro Francês de Fundações, disponível em http://www.cf-fondations.fr/les-fondations-en-france/photographie-du-nombre-de-fondations-et-de-fonds-de-dotation-au-1er-septembre-2009/ (consultado em 1°.11.2010).

[35] Para saber mais, veja http://www.cf-fondations.fr/creer-une-fondation/etapes-et-procedures/creer-une-fondation-abritee/articlePagine_view?page=0

apoios e estímulos públicos que tenha recebido, exigindo ainda que mantenham sistema de contabilidade de acordo com as normas e princípios de contabilidade geralmente aceitos. A Comissão tem também a atribuição de registrar as entidades enquadradas na lei de fomento e estabelecer um sistema de informação sobre as atividades das entidades que compreende, inclusive, a obrigatoriedade de informação sobre as redes em que a entidade participa.

Em movimento de transparência dos atos do poder público, a lei fixa à Comissão de Fomento a obrigação de publicar um Informe Anual sobre as ações de fomento e os apoios e estímulos outorgados às entidades registradas, o qual será incluído como um relatório específico integrado à prestação de contas anual do Poder Executivo ao Congresso Nacional, dentro dos regimes das leis de Orçamento, Contabilidade Pública, de Transparência e Acesso à Informação (art. 14).[36]

---

[36] Essa obrigação legal acabou por gerar um Portal permanente da Comissão de Fomento na internet: www.corresponsabilidad.gob.mx/comision.aspx

Capítulo III

Geração de renda e incentivos fiscais

Doações de indivíduos e empresas

Argumentos de caráter econômico e sociopolítico justificam tratamento diferenciado e incentivos fiscais para as entidades sem fins lucrativos.

Na dimensão econômica, podem-se apontar as imperfeições do "mercado", o baixo custo de operação, a descentralização e a ampliação dos provedores de bens e serviços sociais (Irarrázaval, 2000).

Como imperfeições do mercado, entendemos a deficiência da provisão de bens e serviços a determinadas populações ou territórios, seja por empresas privadas, usualmente por conta da baixa rentabilidade, ou pelo próprio poder público, frequentemente resultado de políticas equivocadas ou falta de investimento. Nesse contexto de nível de acesso menor que o desejado, entidades sem fins lucrativos são criadas justamente para prover bens e serviços para aqueles que não podem ter acesso a eles no mercado, visando elevá-los ao "ótimo social". Contudo, se essas entidades sem fins lucrativos operassem apenas com suporte em doações livres entre particulares, as transferências de renda seriam menores do que a necessidade social, uma vez que as doações são influenciadas por comportamentos de oportunidade, ou seja, os indivíduos, imaginando que outras pessoas irão doar, acabam por não fazê-lo, ou o fazem em quantia menor do que realmente estariam dispostas a doar, acabando por alocar recursos insuficientes para eliminar as carências sociais atacadas pelo trabalho das entidades. Os incentivos fiscais, portanto, permitem estimular as doações privadas para que seja possível atingir o ótimo social.

O baixo custo de operação é outro aspecto relevante para justificar incentivos fiscais para entidades sem fins lucrativos, pois elas costumeiramente operam com custos menores do que aqueles observados em instituições de natureza similar do setor público.

De acordo com estudo do Banco Mundial, essa vantagem se origina do fato de estas entidades utilizarem-se do trabalho voluntário (Brown), de tecnologias de baixo custo e de produção de serviços simplificados (Cernea) e, por fim, de sua flexibilidade operacional e orçamentária, o que lhes permite adequar-se eficientemente às circunstâncias (Navarro, 2000).

O terceiro argumento de caráter econômico levantado por Irarrázaval é a descentralização, uma vez que as entidades de âmbito social, operando sobre uma base local de beneficiários de seus projetos e programas, geralmente são capazes de conhecer mais adequadamente as necessidades das comunidades a que servem. Assim, estas instituições contribuem com mais efetividade para administrar ou fornecer bens públicos de caráter local que normalmente não são identificados pelo governo central.

Por fim, merece ainda destaque a expansão dos prestadores de serviços sociais e de bens públicos. Neste caso, ao se promover a participação das entidades sem fins lucrativos na prestação de serviços sociais, quebra-se o monopólio do Estado como único fornecedor e cria-se, pelo menos inicialmente, uma condição de concorrência, sempre salutar para a melhora dos serviços e baixa dos custos. Segundo o autor, no **Reino Unido**, instituições de serviços públicos privatizadas converteram-se, em alguns casos, em fundações e associações que operam em quase-mercados sociais. Também nesse aspecto, as iniciativas de reforma do Estado que, no **Brasil,** atribuíram a entidades privadas a operação no setor público não estatal – as Organizações Sociais – empiricamente têm demonstrado melhor eficiência no gasto dos recursos, com maior efetividade de atendimento.

Quanto aos argumentos de caráter sociopolítico, em primeiro lugar destacamos que o fortalecimento de diversas instâncias da sociedade civil tem sido reconhecido por muitos autores como um elemento fundamental para alcançar maior estabilidade social e o fortalecimento da democracia. Quando a sociedade civil é forte, o país se beneficia, pois as preocupações dos cidadãos se resolvem por meio das instâncias naturais e se consegue caminhar em direção a um maior nível de consenso e de estabilidade social.

Por outro lado, as entidades se constituem como instâncias de mediação entre amplos agrupamentos, como o Estado, e grupos menores, como as pessoas, a família ou grupos de bairro. Assim, organizações não governamentais de base popular oferecem um conveniente espaço intermediário, que não deve ser ocupado pelo Estado.

Finalmente, argumenta-se que, sendo o altruísmo uma predisposição natural do ser humano, evidencia-se um aumento do bem-estar coletivo na medida em que atos altruístas melhoram o bem-estar dos indivíduos ou comunidades. Por isso, entidades sem fins lucrativos de interesse público oferecem certos tipos de bens e serviços que não são fornecidos nem pelo mercado, nem pelo governo, mas que, no entanto, são considerados necessários pela sociedade.

Feitas essas considerações, passamos a avaliar a situação de cada país pesquisado, começando por aquele que é tido como o país onde os cidadãos são mais engajados no suporte a entidades sem fins lucrativos: os **Estados Unidos da América**.

A legislação norte-americana encoraja a doação a entidades sem fins lucrativos, sendo indivíduos e empresas elegíveis para significativos incentivos fiscais, que variam de acordo com a categoria fiscal da entidade beneficiada e a natureza do bem que está sendo doado.

Usualmente, os incentivos fiscais são mais altos para as doações de indivíduos às entidades beneficentes do que às fundações privadas. Regra geral, o montante da dedução fiscal do imposto de renda (*income tax*) pode chegar a 50% da renda bruta do doador, sendo reduzido a 30% ou 20% em algumas circunstâncias exemplificadas em tabela própria. Qualquer valor que exceda o limite pode ser carregado para dedução nos cinco anos subsequentes. Estes limites, por se referirem ao imposto de renda, dizem respeito a doações feitas em vida. Para as doações efetuadas pós-morte, por ato testamentário, não há limite para a dedução do imposto de heranças (*estate tax*).

Para as empresas, a doação é dedutível em até 10% do rendimento tributável no ano, podendo o excedente ser carregado para os cinco anos subsequentes. Doações em bens podem ser dedutíveis pelo seu valor de mercado.

Embora não sejam legislações que concedam incentivos fiscais, identificamos a existência de duas leis federais norte-americanas que, em nosso entender, contribuem positivamente para o aumento da participação de empresas e pessoas em ações de responsabilidade social. São elas:

• A *Bill Emerson Good Samaritan Food Donation Act*, de 1996, que limita diversas possíveis contingências cíveis e criminais para pessoas e empresas que façam doações de alimentos a pessoas carentes, decorrentes de eventual contaminação ou deterioração dos mantimentos doados; e

• O *Volunteer Protection Act*, de 1997, que limita as contingências de voluntários de entidades sem fins lucrativos e agências governamentais, exigindo clara e convincente evidência de flagrante indiferença do voluntário à segurança de terceiros. A lei proíbe também que sejam processados por danos não econômicos (danos morais) e fixa a responsabilidade não solidária, determinando ao voluntário condenado apenas o pagamento da indenização correspondente à sua contribuição para o sinistro.

Sob outra vertente, quando pensamos em fundos patrimoniais, sempre nos vêm à mente os bilionários *endowments* de fundações, universidades e museus norte-americanos e perguntamos por que tal nível de compromisso social do cidadão norte-americano não existe em nosso país. Para que possamos compreender esta diferença, é preciso que estudemos o regime de heranças em ambos os países.

No **Brasil**, a posse e o domínio dos bens do falecido são transferidos aos seus herdeiros (CC, art. 1784), isentos de imposto de renda (RIR, art 39, XV), se não houver testamento. Caso este exista, não se poderá dispor de mais da metade dos bens do falecido, de modo a sempre assegurar os direitos de seus sucessores (CC, art. 1.846). O único imposto incidente será o Imposto sobre Transmissão *Causa Mortis* e Doação (ITCD ou ITCMD), com alíquota média de 4%. Assim, a transmissão de riqueza de uma geração para a outra não implica necessária redistribuição de renda, via pagamento de impostos representativos.

O mesmo não ocorre nos **EUA**, onde a transmissão do patrimônio do falecido para os herdeiros deve ser disciplinada em testamento, no qual o testador poderá dispor livremente de seus bens. Também no momento de transmissão incidirá o imposto sobre heranças (*estate tax*), que, em alguns estados, supera 55%. Como alternativa a este elevado imposto, a legislação americana autoriza que dele sejam abatidas, integralmente, as doações efetuadas a entidades sem fins lucrativos (Adler)[37]. Dessa forma, a conjugação de um elevado tributo sobre as heranças com um extensivo incentivo fiscal para doações foi o responsável pelo florescimento dos fundos patrimoniais que hoje suportam universidades, centros de pesquisa, museus e fundações. Como em nosso país nenhum estado brasileiro concede qualquer incentivo fiscal sobre o imposto sobre heranças (ITCMD), o país perde uma excelente oportunidade de incentivo a um modelo redistributivo de renda a cada sucessão hereditária (Vitorino de Sousa).[38]

---

[37] ADLER, Betsy. *The rules of the road:* a guide to the law of charities in the United States. Washington: Council of Foundations, 1999 p.13.

[38] Para uma análise abrangente do tema, ver Vitorino de Sousa, J. A. Hipóteses de isenção tributária do imposto de competência dos Estados-Membros incidente sobre a doação destinada a entidades do Terceiro Setor. In: PAES, J. E. Sabo (Coord.). *Terceiro Setor e tributação.* Brasília: Fortium, 2010. p. 29.

No **Chile**, desde 1965, a Lei 16.271 concede isenção do imposto sobre heranças e doações nas transferências que tenham como destinatários instituições dedicadas à beneficência, à difusão da instrução e da cultura e ao desenvolvimento científico do país, ou àquelas que o Presidente da República declare destinadas exclusivamente a um fim público.

Nesse último aspecto, não podemos deixar de apontar que tal reconhecimento guarda forte semelhança com o procedimento brasileiro de declaração de utilidade pública federal ou qualificação como OSCIP, fato que pode expandir as deduções fiscais brasileiras, como veremos na Seção 3.3.

A parte desta oportunidade perdida, o incentivo à doação para entidades sem fins lucrativos brasileiras é restrito apenas às poucas pessoas jurídicas que apuram o imposto de renda pelo complexo regime de lucro real,[39] limitado também a 2% de seu lucro operacional bruto (Lei 9.249/95, art. 13, § 2º, III). Dessa forma, a inexistência de incentivos fiscais para as doações de indivíduos a entidades sem fins lucrativos, seja por disposição em vida ou testamentária, impede o desenvolvimento de uma cultura em favor da constituição de fundos patrimoniais que, como corolário, leva as entidades a buscarem outras formas de autossustentabilidade que acabam por aproximá-las demasiadamente de empresas, com severos riscos fiscais, como veremos mais adiante.

Em 2006, em um esforço para incentivar o crescimento dos ativos de seu setor fundacional, a **Suíça** majorou de 10% para

---

[39] 5,97% do total de pessoas jurídicas, conforme o relatório "Consolida DIPJ 2004', da Receita Federal do Brasil.

20% da renda ou lucro líquido do doador, o limite de dedução das doações de indivíduos e empresas para fundações com finalidades de interesse ou utilidade pública. Esta iniciativa, somada à estabelecida cultura de constituição de fundos patrimoniais, assegurou aos suíços a liderança na Europa no indicador "ativos por habitante"[40] e demonstra o reconhecimento governamental a um setor com alto índice de crescimento de oferta de empregos.[41]

Mesmo movimento foi observado na **França**, com a conhecida *Lei Aillagon* (2003), que, reconhecendo a deficiência do mecenato francês em comparação com iniciativas equivalentes nos EUA, Reino Unido e Alemanha,[42] e, ainda, a legitimidade de conceder às entidades de interesse social um *status* tributário diferenciado, houve por bem ampliar os incentivos fiscais para doações de indivíduos e empresas a entidades de interesse geral. Para os indivíduos, a legislação francesa concede o benefício de abater *(reduction d'impôt)* até 60% do valor doado diretamente do imposto devido, desde que não ultrapasse o limite de 20%

---

[40] A proporção de 1.500 CHF (€ 990) por habitante é quase o dobro daquela verificada no Reino Unido (804 CHF).

[41] Entre 1995 e 2000, a taxa de emprego do setor fundacional suíço cresceu 17,1%, enquanto a taxa para toda a economia alcançou apenas 3,4%. Fonte: *Federal Office for Statistics. Entreprise Census 2001.*

[42] Extrato da exposição de motivos da lei: *"Em comparação às 12.000 fundações americanas e às 3.000 'Charity trusts' britânicas, e também às 2.000 fundações alemãs, não se contam na França mais de 476 fundações de utilidade pública e 70 fundações empresariais. É pouco, mesmo se somarmos as cerca de 500 fundações abrigadas sob a égide da* Fondation de France. *Esta desproporção de números se traduz em um desequilíbrio na dimensão econômica e social. Enquanto nos Estados Unidos o mecenato alcança 2,1% do PIB, ele não representa mais do que 0,09% na França".*

da renda líquida tributável anual *(revenue imposable)*, podendo o excedente ser carregado por cinco anos. Para as empresas, é possível a dedução, como despesa operacional, de 60% do valor das doações efetuadas a entidades de interesse geral, desde que o montante não ultrapasse 5% do faturamento *(Chiffre d"affaires)*.

No **Luxemburgo**, as doações são dedutíveis da renda ou receita líquida do doador, sejam indivíduos ou empresas, até o limite de 10% ou € 500.000, embora, para valores acima de € 12.500, surpreendentemente seja necessária autorização do Grão-Duque. As doações recebidas pelas fundações ou entidades filantrópicas por disposição testamentária são tributadas pelo imposto de doações e heranças a 6%.

Os **Países Baixos** também autorizam a dedução das doações de indivíduos e empresas em até 10% da renda ou receita bruta do doador, mas, reconhecendo que as fundações podem ter finalidades privadas, tributam as doações e as heranças a alíquotas variando entre 41% e 68% do valor doado, somente isentando do imposto de doações e heranças aquelas contribuições efetuadas a entidades reconhecidas pelo governo como de benefício público.[43] Para se qualificar, a entidade não deve ter fins lucrativos e deve ser capaz de demonstrar, em seus estatutos e atividades, suas finalidades de benefício público. Também deve evidenciar que seu instituidor não controla os seus ativos como se seus fossem e que tais ativos não são em montante superior ao que seria razoavelmente necessário para sua perpetuidade, assegurando-se que, em caso de extinção, eles serão destinados

---

[43] A qualificação passou a ser exigida em 2008. A lista de entidades reconhecidas é divulgada no sítio da Internet do Ministério das Finanças.

a uma entidade afim. Por fim, de forma a comprovar a finalidade não lucrativa, deve ser evidenciado que seus dirigentes não recebem vantagens pelas atividades que desempenham na organização (além de ressarcimento de despesas e de uma modesta remuneração por comparecimento a reuniões) e que todos os custos de captação de recursos e administração são razoavelmente proporcionais aos gastos com a atividade finalística de benefício público.

A **Espanha** regulou o regime fiscal das entidades sem fins lucrativos e os incentivos fiscais ao mecenato na Lei 49, de 23.12.2002. De maneira semelhante à praticada no Brasil, por ocasião da edição da Lei das OSCIP, a lei espanhola buscou exemplificar as ações de interesse público que podem ser perseguidas pelas entidades contempladas pelo novo regime legal. Pela nova lei, as doações de indivíduos para tais entidades são dedutíveis do imposto devido até o limite de 25% do valor doado (art. 19). Para as empresas, o limite é majorado para 35% do valor doado, os quais não poderão ser superiores a 10% do imposto devido. Os excedentes podem ser carregados para os dez anos fiscais subsequentes (art. 20). Além disso, os aportes corporativos que sejam feitos com amparo em "convênios de colaboração empresarial para atividades de interesse público" que tenham como contrapartida a divulgação do nome do patrocinador, serão integralmente dedutíveis como despesa operacional da empresa patrocinadora, vedada a dupla dedução (art. 25).

Também de forma inovadora, a lei (art. 3º, 2) definiu que pelo menos 70% dos recursos auferidos pela entidade devem ser destinados à causa, no próprio exercício ou nos quatro subsequentes, determinando que o remanescente deva ser destinado ao incremento da dotação patrimonial ou das reservas da entidade. Com isso, embora de forma não compulsória, fixou a lei um parâmetro para o fortalecimento econômico e institucional do setor (ver também Lei 50, de 26.12.2002, art. 27, 1).

A Lei 49, de 2002, também autoriza o desenvolvimento de atividades de exploração econômica pelas entidades sem fins lucrativos, inclusive a participação em sociedades comerciais, desde que os recursos auferidos sejam alocados na proporção acima indicada e desde que tais atividades sejam consentâneas com as finalidades estatutárias. Atividades alheias aos objetivos sociais são permitidas, desde que não ultrapassem 40% do total das rendas (art. 3º).

Na **Argentina,** indivíduos e empresas podem fazer doações a fundações e associações civis reconhecidas como isentas pela *Administración Federal de Ingresos Públicos* (AFIP), podendo deduzir o montante doado até o limite de 5% do lucro líquido do exercício (Lei 24.475, de 29.3.1995, art.1º, 2).

As doações em dinheiro devem ser realizadas por depósito bancário e o donatário deverá apresentar o recibo no momento de realizar sua declaração de rendimentos (Res. DGI 3191, Res. AFIP 2681).

Também no **Chile,** os indivíduos que declarem rendas efetivas podem descontar de seus impostos 50% das doações em dinheiro que realizem em favor de universidades e institutos profissionais, estatais ou privados (Lei 18.681, de 31.12.1987), ou a entidades privadas sem fins lucrativos cujo objeto seja a investigação, o desenvolvimento e a difusão da cultura e da arte (Lei 18.985, de 28.6.1990, conhecida como "Lei de Valdés") (Crino Ferretti, Jiménez de la Jara e Domingos Sagues, 2001).

O **México** não fica atrás, pois sua Lei de Imposto de Renda, recentemente atualizada (19.11.2010), concede aos indivíduos e empresas a possibilidade de deduzir as doações a entidades sem fins lucrativos que se constituam e funcionem de forma exclusiva para (cf. o art. 95):

• realizar atividades de pesquisa ou preservação da flora ou da fauna silvestre, terrestre ou aquática, dentro das áreas geográficas definidas pelo Serviço de Administração Tributária mediante regras de caráter geral;

• promover entre a população a prevenção e o controle da contaminação da água, do ar, do solo, a proteção do meio ambiente e a preservação e restauração do equilíbrio ecológico;

• atender pessoas, setores e regiões de escassos recursos;

• realizar atividades para alcançar melhores condições de subsistência e desenvolvimento das comunidades indígenas e dos grupos vulneráveis em razão da idade, sexo ou problemas de deficiência; dedicadas às seguintes atividades:

> • *atenção a requerimentos básicos de subsistência em matéria de alimentação, vestuário ou habitação;*
>
> • *assistência ou reabilitação médica ou atenção em estabelecimentos especializados;*
>
> • *assistência jurídica, apoio e promoção para a tutela dos direitos dos menores, assim como para a readaptação social de pessoas que tenham sido condenadas por condutas ilícitas;*
>
> • *reabilitação de alcoólatras e dependentes químicos;*
>
> • *ajuda para serviços funerários;*

• *orientação social, educação ou capacitação para o trabalho;*

• *promoção da participação organizada da população nas ações que melhorem suas próprias condições de subsistência, em benefício da comunidade; e*

• *apoio à defesa e promoção dos direitos humanos.*

• promover a educação, com autorização ou reconhecimento da validade oficial de estudos nos termos da Lei Geral de Educação, assim como as instituições criadas por decreto presidencial ou por lei, cujo objetivo seja a educação;

• realizar pesquisa científica ou tecnológica, se inscritas no Registro Nacional de Instituições Científicas e Tecnológicas; e

• promover a reprodução de espécies em proteção e perigo de extinção e a conservação de seu *habitat*, sempre que, além de cumprirem as regras de caráter geral emitidas pelo Serviço de Administração Tributária, obtenham opinião prévia da Secretaria de Meio Ambiente e Recursos Naturais.

Por fim, a **Colômbia** autoriza os contribuintes a descontar da base imponível do imposto de renda 60% do valor das doações efetuadas a instituições de educação fundamental e superior privadas (sem fins lucrativos) ou públicas, bem como a entidades sem fins lucrativos que destinem, de maneira exclusiva, recursos à construção, adequação ou equipação de escolas ou hospitais incluídos nos sistemas nacionais, estaduais ou municipais de educação ou de saúde (Lei 488, de 24.12.2008, art. 30).

Os colombianos têm ainda uma segunda possibilidade de dedução, desta vez das doações efetuadas a entidades sem fins lucrativos cujo objeto social e atividade correspondam ao desenvolvimento das áreas de saúde, educação, cultura, religião, esporte, pesquisa científica e tecnológica, ecologia e proteção ambiental, defesa, proteção e promoção dos direito humanos, acesso a justiça, ou de programas de desenvolvimento social, sempre quando tenham interesse geral. Neste caso, a dedução pode ser integral, porém o valor a ser deduzido, em nenhum caso, poderá ser superior a 30% da renda líquida do contribuinte, determinada antes da subtração do valor da doação (art. 31).

O **Brasil**, portanto, é o único pais pesquisado que não concede incentivos fiscais a doações, livres e diretas, de indivíduos a entidades sem fins lucrativos. Também caminha na contramão da prática internacional ao não conceder qualquer incentivo fiscal a doações a entidades públicas, como escolas, universidades, museus e hospitais.

À guisa de conclusão, nossa pesquisa identificou que não existe um padrão legislativo único para a concessão de incentivos fiscais a indivíduos e pessoas jurídicas efetuarem doações a entidades sem fins lucrativos. Mesmo assim, pudemos identificar três grandes formas de conceder incentivos fiscais. A primeira, e mais comum, assemelhada ao modelo brasileiro das doações a projetos esportivos e aos fundos dos direitos dos idosos e das crianças e adolescentes, prevê que o doador efetue a doação e deduza posteriormente o valor de seu imposto de renda a pagar, em um modelo de "crédito fiscal".

Uma segunda e frequente forma, também observada no **Brasil** no caso das doações a entidades qualificadas como OSCIP ou declaradas de utilidade pública federal, é o "desconto da base imponível", que consiste em considerar toda a doação ou parte dela como uma despesa fiscal que permite desconto parcial dos rendimentos tributáveis, resultando em uma menor tributação.

Nesses casos, o "preço" da doação será significativamente mais barato para os doadores que se encontram sujeitos a altas taxas de impostos. Em geral, os sistemas de doação definem limites aos descontos possíveis. Na **Rússia**, as pessoas podem obter descontos de até 3% dos seus rendimentos; nos **EUA**, esse percentual pode chegar a 50% das receitas, enquanto na **Austrália**, não há limite (ICNL, 1998).

Já a última forma, utilizada no **Reino Unido**, não prevê o relacionamento direto DOADOR-DONATÁRIO, mas sim a ordem do doador ao Fisco para que este repasse à entidade escolhida parte do imposto de renda devido pelo doador. Este modelo é usualmente conhecido como "reembolso fiscal" (*Tax rebate*). A chamada "Lei do 1%", que tem crescido nos países do leste europeu (**Hungria** e **Bulgária**) com amparo do ICNL, adota esse modelo, pois prevê que o doador tenha o direito de destinar 1% do seu imposto de renda devido a uma entidade de sua escolha, incumbindo à autoridade fiscal fazer a transferência financeira.

Incentivos fiscais em doações transnacionais

De forma avançada e sem equivalência em outros países, os **Países Baixos** autorizam a dedução fiscal para doações efetuadas por indivíduos e empresas neerlandesas para fundações e entidades filantrópicas estrangeiras, mesmo sediadas fora da **União Europeia**, desde que tais entidades tenham atividades de caráter universal ou compreendam o território dos Países

Baixos e tenham sido reconhecidas como entidades de benefício público pelo Ministério das Finanças.

Também avançando em relação à prática de outros países, a **Espanha** autoriza pessoas não residentes no país (mas que, por suas atividades, tenham de pagar imposto de renda na Espanha) a deduzir 25% do montante das doações que fizerem a entidades espanholas de interesse público, até o limite de 10% do imposto devido (Lei 49, de 2002, art. 21).

De forma semelhante, a **França**, com a *Lei Aillagon* (2003), concede incentivos fiscais para doações não apenas a entidades sediadas na França e com operação no país, mas também a entidades estrangeiras que divulguem a cultura, a língua e os conhecimentos científicos franceses, em outros países e também na França.

A dedução de doações transnacionais é reconhecida também no **México**, mas com suporte em convenção destinada a evitar a dupla tributação e impedir a evasão fiscal em matéria de imposto de renda, firmada com os **EUA** em 1994. Pela convenção (art. 22) um indivíduo ou empresa norte-americana pode fazer doação a uma entidade sem fins lucrativos mexicana e deduzir o valor dos impostos que tiver de pagar sobre a renda que obteve no México.

A partir dessa constatação, efetuamos extensiva revisão dos tratados de bitributação firmados pelo Brasil e descobrimos fatos interessantes. Em primeiro lugar, é necessário ponderar que, embora os tratados guardem profundas semelhanças de texto, eles não são idênticos, fruto que são de negociações diplomáticas. Assim sendo, o regime fiscal que existe nas relações bilaterais brasileiras com um dado país não são necessariamente extensíveis aos demais.

Em segundo lugar, observamos que a provável fonte da disposição américo-mexicana é o texto da convenção-modelo da ONU relativa à bitributação (1980), ou mesmo a mais recente convenção-modelo da OCDE relativa a impostos sobre a renda e o capital, de 1992. Em ambas as convenções, na disposição que versa sobre "não discriminação" (art. 24, § 5, ONU, e art. 24, § 4, OCDE), propõe-se que:

Juros, royalties e *outros desembolsos* pagos por um empreendimento de um Estado Contratante a um residente do outro Estado Contratante deverão, para o propósito de determinação do lucro tributável do mencionado empreendimento, ser dedutíveis sob as mesmas condições que teriam se tivessem sido pagos a um residente do Estado mencionado em primeiro lugar.

Revisando as convenções de bitributação firmadas pelo Brasil, identificamos disposições idênticas à proposta pela ONU/OCDE nas convenções com:

• **Coreia do Sul**, firmada em Seul em 07.3.1989 e promulgada no Brasil pelo Decreto 354, de 2.12.1991 (art. 24, § 3);

• **China**, firmada em Pequim em 5.8.1991 e promulgada no Brasil pelo Decreto 762, de 19.2.1993 (art. 24, § 3);

• **Portugal**, firmada em Brasília em 16.5.2000 e promulgada no Brasil pelo Decreto 4.012, de 13.11.2001 (art. 24, § 3); e

• **Chile**, firmada em Santiago em 3.4.2001 e promulgada no Brasil pelo Decreto 4.852, de 2.10.2003 (art. 23, § 4).

De acordo com essas convenções, "os juros, *royalties* e demais gastos pagos por uma empresa de um Estado Contratante a um residente de outro Estado Contratante são dedutíveis, para determinar os lucros dessa empresa sujeitos à tributação, nas mesmas condições que se tivessem sido pagos a um residente do estado mencionado em primeiro lugar".

O Código Tributário Nacional brasileiro, em seu artigo 98, prevê que os "tratados e as convenções internacionais revogam ou modificam a legislação tributária interna, e serão observadas pela que lhe sobrevenha". Dessa forma, os atos internacionais bi ou multilaterais, tais como as ditas convenções, são superiores às normas infraconstitucionais.

Pois bem. Sabendo-se que uma empresa brasileira, para determinar o seu lucro, pode efetuar a dedução, como despesa operacional, de desembolsos efetuados em benefício de entidades declaradas de utilidade pública federal ou qualificadas como OS-CIP, poderia ela deduzir uma doação (um "gasto") feita a uma entidade com titulação análoga sediada, por exemplo, em Portugal?

Parece-nos que sim.

Em **Portugal**, por exemplo, para serem declaradas "pessoas colectivas de utilidade pública" por ato do Primeiro Ministro, as entidades sem fins lucrativos interessadas devem passar por um processo de reconhecimento na Secretaria Geral da Presidência do Conselho de Ministros com o intuito de comprovar que, por pelo menos três anos, "perseguem fins de interesse geral, ou da comunidade nacional ou de qualquer região ou circunscrição, cooperando com a Administração Geral ou a Administração Local" (Decreto-Lei 460, de 1977).[44]

---

[44] Para saber mais, veja www.sg.pcm.gov.pt/requisitup.htm. Visitado em 10.12.2010.

Também não podemos deixar de destacar o modelo chileno de ONG de Desenvolvimento, cujo reconhecimento é concedido por ato do Presidente da República, após trâmite de processo perante o Ministério da Justiça, regime que guarda ampla semelhança com o das Leis 91, de 1935, e 9.790, de 1999.

Por conta disso, as disposições dos tratados acima referidos nos permitem concluir que empresas brasileiras poderão deduzir como despesa, em até dois por cento de seu lucro operacional, os dispêndios que tiverem com entidades sem fins lucrativos portuguesas, chilenas, chinesas ou sul-coreanas reconhecidas, por seus respectivos governos, como aptas a receber doações dedutíveis de empresas nacionais, por força da aplicação conjunta da Lei 9.249/95, e das já referidas convenções para evitar bitributação.

Como último ponto a destacar sobre a atuação transnacional, é interessante a experiência de **Portugal**, onde existem as Organizações Não Governamentais de Cooperação para o Desenvolvimento, as ONGD, que são pessoas jurídicas de direito privado com o objetivo de atuar na concepção, execução e apoio a programas e projetos de caráter social, cultural, ambiental, cívico e econômico, mediante *ações nos países em vias de desenvolvimento*: de cooperação para o desenvolvimento; de assistência humanitária; de ajuda de emergência; de proteçao e promoção dos direito humanos. (art.6°, 1, da Lei 66/98). São ainda objetivos das ONGD a sensibilização da opinião pública para a necessidade de um relacionamento cada vez mais empenhado com os países em vias de desenvolvimento, bem como a divulgação das suas realidades (art.º 2° da Lei 66/98).

À parte do caráter transnacional de operações, merece atenção o fato de que, nas situações em que os dirigentes das referidas ONGD detenham outro vínculo laboral, para o exercício de suas funções terão direito a usufruir de um horário de trabalho flexível, nos termos que forem acordados com o empregador, sempre que a natureza da respectiva atividade laboral o permita. Outro inusitado direito que os dirigentes das ONGD possuem é a justificação das suas faltas em razão do comparecimento em reuniões em que representem a entidade ou que tratem de sua gestão, até o máximo de 10 dias de trabalho por ano, sem prejuízo da remuneração ou de benefícios. Por fim, os dirigentes das ONGD que sejam estudantes gozam de prerrogativas idênticas às previstas no Decreto-Lei 152/91, de 23 de abril, com as necessárias adaptações.

Venda de serviços e mercadorias

Há muito existe a controvérsia sobre qual o melhor modelo tributário para as entidades sem fins lucrativos que, visando a uma causa de interesse público, exercem atividades tipicamente econômicas, competindo com empresas estabelecidas. Já em 1995, 73,5% dos recursos de organizações privadas sem fins lucrativos eram gerados a partir de suas próprias atividades (Landin)[45] e não há porque imaginar que tal nível de atividade tenha diminuído desde então. Embora este número possa representar uma boa dose de autossustentabilidade, ele também representa o engajamento em atividades econômicas que nem sempre estão sendo adequadamente controladas e tributadas. Em resposta a esta questão, pudemos identificar que diversos

---

[45] LANDIN, Leilah, BERES, Neide. *Ocupações, despesas e recursos:* as organizações sem fins lucrativos no Brasil. Rio de Janeiro: Nau, 1999. p. 48.

países têm adotado um modelo híbrido, em que as receitas oriundas de atividades econômicas desvinculadas das finalidades estatutárias da entidade são tributadas normalmente (unanimidade), enquanto as receitas advindas de atividades econômicas relacionadas com o objeto da entidade são exoneradas ou tributadas a taxas menores.

Para melhor esclarecer a diferença, tomemos como referência a legislação do **Brasil**: o Código Tributário Nacional (art 14, II) e a Lei 9.532/97 (art 12, § 2º, *b*), determinam que, para fruição de desoneração fiscal (imunidade e isenção), as entidades devem aplicar integralmente seus recursos nas atividades finalísticas. Esse requisito contempla duas limitações: a territorial e a material. A primeira (originária da Constituição de 1946 e existente apenas no Código Tributário Nacional) impede que uma instituição imune a impostos invista seus recursos fora do território nacional. Essa limitação é fácil de controlar, mas difícil de justificar, na medida em que a cooperação internacional é pratica solidamente estabelecida, na qual as entidades privadas sempre exerceram papel-chave na efetivação da ajuda humanitária, não só pelo trabalho como também pela destinação de recursos financeiros. Em um momento em que o Brasil pretende ampliar o seu papel no cenário internacional, parece-nos necessário rever esse tema.[46]

---

[46] A permanência dessa limitação é, contudo, controversa. Pode-se argumentar, por exemplo, que o art. 12 da Lei 9.532/97, ao disciplinar a imunidade do art. 150, VI, *c*, da Constituição (como bem se observa de seu *caput*) acabou por revogar o art. 14 do CTN, visto que a lei posterior revoga a anterior quando regula inteiramente a matéria de que tratava a lei anterior. Contra esse argumento, pode-se sustentar que uma lei ordinária não tem poder

Já a segunda limitação, de cunho material, requer mais cuidado, na medida em que, restrito o dispêndio aos objetivos institucionais, a qualidade do gasto é avaliada a partir das atividades previstas no estatuto social, não sendo tão claras as limitações aos dispêndios aplicados em atividades de geração de renda desenvolvidas por uma instituição.

Nesse campo, duas correntes se apresentam: uma, que denominaríamos "corrente finalística", sustenta que é irrelevante a atividade de geração de renda desenvolvida, desde que os recursos com ela auferidos sejam integralmente gastos nos objetivos institucionais da entidade. Dessa forma, a correção do exercício da atividade econômica é medida a partir da destinação de seus resultados. A atividade de geração de renda é um simples meio de alcance dos objetivos e, portanto, valendo-nos de uma expressão de uso coloquial, "os fins justificam os meios".

A outra corrente é um pouco mais restritiva e considera que, embora sendo necessário que os recursos auferidos pela geração de renda sejam aplicados na atividade-fim da entidade, tal fato não é suficiente, sendo igualmente necessário que a atividade

---

para revogar lei complementar, mas, para isso, teremos de desconsiderar o entendimento do Plenário do STF que, no julgamento dos recursos extraordinários 377.457/PR e 381.964/MG, consolidou o entendimento no sentido da constitucionalidade da revogação, por meio de Lei Ordinária 9.430/96 de disposição de lei complementar (LC 70/91). Sob outro prisma, pode-se dizer que a imunidade é uma limitação ao poder de tributar e, portanto, só pode ser regulada por lei complementar, a teor do art. 146, II, da Constituição. Também aqui nos deparamos com a controvérsia da regulação da imunidade do art. 195 por leis ordinárias (Lei 8.212/91, Lei 8.742/93 e Lei 12.101/09), ainda não derrubadas pelo STF e sujeitas agora a uma nova ADI (4.480, de 27.10.2010). Enfim, um controvertido ponto regulatório.

produtiva desenvolvida tenha coerência com os propósitos institucionais, pois os valores nela investidos têm de estar, em qualquer situação, vinculados a sua atividade-fim. A esse entendimento denominamos "corrente estruturalista", na medida em que meios e fins são estruturalmente coerentes e parte da mesma ação ("os meios expressam os fins").

Tomemos como exemplo a produção e venda de pães por duas entidades de educação. Na primeira, a padaria conta com padeiros empregados que produzem os pães para consumo da entidade e venda para a comunidade. Na segunda, a produção dos pães é decorrente de um projeto de qualificação profissional de jovens no ofício de panificação, em que, durante as aulas, são produzidos os pães que serão consumidos pela entidade e vendida a produção excedente. Em ambas, os recursos da venda são aplicados na entidade.

Pela corrente finalística, ambas as situações são corretas, mas, pela corrente estruturalista, somente a última está acobertada, na medida em que em cada pão produzido não há apenas farinha, fermento, água e sal, mas também "educação".

Não obstante a jurisprudência brasileira ainda não haver expressamente apreciado a distinção entre as duas correntes, sustentando que a imunidade deve ter entendimento amplo, desde que os recursos sejam aplicados na atividade institucional – aparentemente abraçando a corrente finalística – é de se notar que nos casos até agora julgados[47] a atividade econômica era alinhada à atividade-fim da entidade, de modo que sempre

---

[47] Ver, por exemplo, TRIBUTÁRIO – IMUNIDADE – IPTU – ENTIDADE EDUCACIONAL ESTRANGEIRA. 1. O art. 150, VI, c, da CF deve ser interpretado

foram apreciadas situações que, na prática, enquadravam-se na corrente estruturalista.

Com o fortalecimento e maior visibilidade das instituições que compõem o Terceiro Setor e o seu menor pudor em engajar-se em atividades permanentes de geração de renda com amparo em estratégias comerciais, parece-nos inequívoco que as controvérsias aumentarão no futuro e a distinção entre as duas correntes passará a compor o debate doutrinário e jurisprudencial. As autoridades fiscais já estão firmando posição na adoção da corrente estruturalista, como podemos observar do quanto segue:

> 10ª Região Fiscal - Decisão 171 de 15.12.2000 (*DOU* 19.01.2001)
> Assunto: Normas Gerais de Direito Tributário
> EMENTA: ENTIDADES IMUNES OU ISENTAS. PARTICIPAÇÃO EM EMPRESA COMERCIAL. SUSPENSÃO DOS

---

em combinação com o art. 14 do CTN, expressamente recepcionado no ADCT (art. 34, § 5º). 2. A imunidade, como espécie de não incidência, por supressão constitucional, segundo a doutrina, deve ser interpretada de forma ampla, diferentemente da isenção, cuja interpretação é restrita, por imposição do próprio CTN (art. 111). 3. Ensino é forma de transmissão de conhecimentos, de informações e de esclarecimentos, entendendo-se educacional a entidade que desenvolve atividades para o preparo, o desenvolvimento e a qualificação para o trabalho (art. 205, CF). 4. A cobrança de mensalidades não descaracteriza a entidade imune se não há distribuição de rendas, lucro ou participação nos resultados empresariais. 5. Entidade que, gozando da imunidade há mais de quarenta anos, não está obrigada a recadastrar-se, ano a ano, para fazer jus ao benefício constitucional. Recurso ordinário improvido. RO 31/BA; RECURSO ORDINARIO 2003/0228372-0 - 2ª Turma Ministra ELIANA CALMON – Julgado 6.5.2004 – *DJ* 2.8.2004, p. 00337.

BENEFÍCIOS. Entidade beneficente de assistência social ou de fins filantrópicos, na condição de participante de empresa de franquia empresarial tem a imunidade ou isenção tributária suspensa em razão da não observância dos requisitos legais. Dispositivos legais: art 32, § 10, da Lei 9.430/96, IN SRF 2/97, arts. 12, 13, 14, 15 e 18 da Lei 9.532/97; art 10 da Lei 9.718/98.

9ª Região Fiscal - Solução de Consulta 106, de 30.4.2004 (*DOU* de 10.5.2004).

Assunto: Normas Gerais de Direito Tributário. Ementa: A exploração de loja de conveniência por sociedade civil sem fins lucrativos, ainda que destinada exclusivamente para atendimento de seus sócios, constitui prática de atividade incompatível com a natureza do benefício fiscal de que trata o art. 15 da Lei 9.532/1997, obstaculizando sua fruição. Dispositivos legais: Lei 9.532/97, art 15; PN CST 162/1974.

3ª Região Fiscal - Solução de Consulta 39, de 2.12.2003 (*DOU* de 10.12.2003).

Associação sem fins lucrativos. Objetivo fomento florestal. Venda de mudas. Isenção. Efeito. O auferimento de receita oriunda da venda de mudas florestais por parte de pessoa jurídica isenta na forma do art. 15 da Lei 9.532/97 e que tenha por objetivo o fomento florestal, desde que não extravase os objetivos sociais para concorrer deslealmente no mercado, não resulta na perda do benefício isencional. Dispositivos legais: arts. 12, 13 e 15 da Lei 9.532/97 e art. 10 da Lei 9.718/98. PN CST 162/1974.

Retomando o exemplo da padaria, como ela operaria em outros países? Se a confecção dos pães é feita por padeiros contratados no mercado, a atividade seria, pela tendência internacional, tributada como qualquer outra padaria. Todavia, se os pães são confeccionados por jovens, no âmbito de um programa de formação profissional com sucessivas turmas de estudantes, as receitas oriundas de sua comercialização não seriam tributadas, pois conteriam, indissociáveis, a atividade de educação para o trabalho (atividade-fim) e a atividade de geração de renda (atividade acessória).

O quadro de atividades/países a seguir apresenta a comparação entre os modelos de alguns países consultados:[48]

Quadro de Atividades/Países

País	Atividades desinteressadas cf. objeto social	Atividades lucrativas complementares ao objeto social	Atividades lucrativas sem ligação com o objeto social
Alemanha	Exoneradas	Em princípio tributadas, mas há exceções	Tributadas normalmente (42% a 45%)%)
Áustria	Exoneradas	Tributadas normalmente	Tributadas normalmente
Bélgica	Exoneradas	Exoneradas, desde que não adotem modelos industriais ou comerciais	Tributadas normalmente (28% a 39%)
Canadá	Exoneradas	Exoneradas	Tributadas normalmente
Dinamarca	Exoneradas	Tributadas, salvo se os lucros são utilizados na atividade-fim	Tributadas normalmente
EUA	Exoneradas	Exoneradas	Tributadas normalmente (15% a 35%)
França	Exoneradas	Exoneradas	Tributadas normalmente
Itália	Exoneradas	Exoneradas	Tributadas normalmente
Luxemburgo	Exoneradas	Exoneradas	Tributadas normalmente
Países Baixos	Exoneradas	Exoneradas	Tributadas normalmente (35% a 40%)
Reino Unido	Exoneradas	Exoneradas	Tributadas normalmente (25% a 33%)
Suécia	Exoneradas, se ao menos 80% dos lucros forem utilizados na atividade-fim	Exoneradas, se ao menos 80% dos lucros forem utilizados na atividade-fim	Tributadas normalmente

O projeto de lei de Fundação Europeia do European Foundation Centre prevê que as fundações devem ter a capacidade e serem livres para engajar-se em atividades econômicas e comerciais, desde que tais transações não constituam a sua atividade principal e o resultado seja alocado em seus objetivos institucionais. As atividades relacionadas aos objetivos institucionais seguiriam o padrão vigente, sendo isentas de impostos, enquanto as atividades não relacionadas teriam isenção até um certo teto, ainda não definido no projeto, desde que não houvesse infração às normas de proteção da concorrência.

Nos **EUA**, as entidades sem fins lucrativos não pagam imposto de renda sobre seus rendimentos, mas existe um imposto especial *(excise tax)* de 2% de sua receita líquida de investimentos, que poderá ser reduzido para 1% se a fundação investir em sua atividade-fim mais do que o mínimo exigido nos cinco anos precedentes. A receita líquida de investimentos corresponde à receita bruta (dividendos, juros, *royalties*, aluguéis, ganhos de capital etc.) deduzida dos custos necessários à obtenção de tais rendimentos.

A realização de atividades comerciais talvez seja o assunto que mais necessita de análise e revisão na **Argentina**. A lei de fundações (Lei 19.836, de 1972) não tem referência clara sobre o tema e deixou às autoridades o exame do assunto, que tem recebido tratamento específico em cada circunstância, sempre procurando ver se os propósitos do estatuto de cada fundação estão sendo efetivamente realizados e a entidade não tem sua finalidade desvirtuada. Isto implica que cada inspeção judicial define os critérios para avaliar se a atividade comercial pode ser feita pela Fundação. O enfoque usual é o de decidir qual atividade comercial não pode ser relacionada com os objetivos da fundação analisada. (Por exemplo, uma fundação com objetivo de prestação de serviços de saúde não poderia lucrar com essa atividade). Isso nem sempre é desejável, visto que uma fundação, para o cumprimento dos seus objetivos altruístas, poderia financiá-los pela cobrança dos mesmos serviços de quem pode pagar por eles.

No entanto, é fato que a venda de serviços, se generalizada, pode prestar-se à montagem de uma empresa sob o manto de uma fundação (ou associação), ocultando assim seu verdadeiro ânimo de lucro. Um tema que, sem dúvida, merece regulação amiúde.

Outras práticas

A legislação da **França** prevê a realização de loterias para o financiamento de ações beneficentes, culturais e esportivas sem fins lucrativos, desde que previamente autorizadas pelo Estado. Essa autorização é dispensada para rifas e bingos organizados por entidades locais, com distribuição de prêmios de valor inferior ao teto fixado pelo poder público, vedado o pagamento em dinheiro (Lei de 21.5.1836, com redação da Lei 86.1019, de 9.9.1986).

Capítulo IV

Financiamento Governamental

O Poder Público e as entidades do Terceiro Setor

Interessante ensaio da Universidade de Liverpool apresentou os resultados de sua pesquisa sobre os problemas legais enfrentados pelas entidades de atendimento social, por conta da cultura contratual estabelecida em seu relacionamento com as autoridades do **Reino Unido,** concluindo que a dependência financeira levava à perda de autonomia política e da capacidade de crítica da política pública para a área (Morris, 1999).

No **Brasil,** os dados do orçamento de todos os níveis de governo registram firme e contínua tendência de crescente repasse de recursos para ONGs. Esta constatação, inexorável, decorre da operação conjunta de três regimes legais aparentemente desconexos: os direitos sociais assegurados pela Constituição Federal; as regras de aposentadoria do serviço público e a Lei de Responsabilidade Fiscal (LRF). Como essa última impôs um limite a cada nível de governo para o gasto com remuneração de pessoal ativo e inativo e os vencimentos de um servidor inativo não são substancialmente inferiores aos que lhe eram pagos na atividade, a progressiva aposentadoria dos atuais servidores levará à redução da força de trabalho capaz de assegurar os direitos sociais constitucionais, ao mesmo tempo que a sociedade demanda cada vez mais esses direitos de um governo que cada vez menos tem "limite" disponível para novas contratações. Nesse contexto aparentemente paralisante, o entendimento dos Tribunais de Contas de que a contratação de ONGs para o provimento de serviços à população não viola a LRF parece ser uma boa saída, embora venha sendo costumeiramente objeto de discussão, particularmente pelo Ministério Público, sob a alegação de que tais contratações representam terceirização de atividade-fim do Estado e que o pessoal envolvido deveria ser contratado mediante concurso, conforme o art. 37 da Constituição.

Se a complexidade dessa controvérsia transcende os limites do Terceiro Setor, é fato que o afeta diretamente, gestor que é de dezenas de bilhões de reais do orçamento do Estado brasileiro, amparado na dubiedade do art. 116 da Lei 8.666, de 20.6.1993 (aplicam-se as disposições dessa lei, "no que couber"...) e na fragilidade de uma Instrução Normativa da Secretaria do Tesouro Nacional (1, de 1997) que regula o convênio, instrumento que, embora respondendo pela esmagadora maioria dos ajustes firmados e dos recursos transferidos, carece de efetiva transparência.

A obscuridade se faz presente ainda no fato de o financiamento público realizado por meio de repasses de recursos governamentais não ter, em nosso país, dados estatísticos consolidados de forma abrangente e sistemática, levados a conhecimento amplo da população. Os únicos relatórios que vinham sendo preparados pelo governo federal, no caso pela Receita Federal (e mesmo assim, suspensos em 2004) eram os relatórios consolidados das Declarações de Imposto de Renda Pessoa Jurídica, dentre os chamados "estudos tributários". Esses relatórios registram crescente aumento de receitas das entidades sem fins lucrativos, embora não se possa identificar claramente que parcela coube ao Erário.

Na nossa vizinha **Argentina**, por exemplo, ainda em 1999, o Decreto 422 criou o Registro Nacional de Organizações Não Governamentais, fixando a obrigatoriedade do registro para todas as organizações não governamentais que, com o intuito de desenvolvimento de atividades em benefício da comunidade, recebam ou pretendam receber recursos públicos para o cumprimento dos projetos financiados total ou parcialmente com recursos estatais em território nacional, provincial, regional ou municipal.

Com o fim de obter um adequado reconhecimento da existência destas organizações, o Registro fornecerá informações não só às autoridades, mas também a todos os cidadãos que as solicitem, permitindo assim um controle direto por parte da sociedade no que diz respeito à identificação da aplicação dos recursos estatais. O Registro também fornecerá orientações, assessoria e assitência para que os fundos públicos destinados às organizações não governamentais sejam utilizados da maneira mais eficiente possível. A resolução do Departamento de Organizações Comunitárias 1.810/99 (BO 1999/10/09), regulamentou o funcionamento do referido Registro.

De forma similar, no **Reino Unido**, a *Charities Commission* atua como verdadeira superintendência das instituições filantrópicas, encarregada de "garantir a integridade pública das instituições de caridade", realizando auditorias nos casos de reclamações qualificadas, e, nos **EUA**, o *Internal Revenue Service* recebe relatórios detalhados das atividades das entidades isentas, colocando-os à disposição do cidadão em geral.

A Constituição da **Colômbia** (1991) criou espaços de participação, deliberação e consulta à sociedade civil em assuntos públicos e estabeleceu as bases para promoção de uma maior participação do setor privado sem fins lucrativos na prestação de serviços públicos e sociais. A nova Constituição consagrou como direitos fundamentais a livre associação e a livre expressão, e reconheceu as Organizações da Sociedade Civil (OSC) como mecanismos democráticos de representação cidadã em diferentes instâncias da gestão pública.

Em seu art. 103, obrigou o Estado a promover a organização e a capacitação das OSC, dando ênfase no sentido de que esta promoção deverá realizar-se sem detrimento da autonomia das organizações.

O art. 355 estabelece a possibilidade de fornecimento de recursos públicos para as OSC, sob o regime de contratação, com o fim de impulsionar atividades de interesse comum, de acordo com os planos de desenvolvimento. De forma inovadora, também proibiu o uso de auxílios parlamentares e qualquer doação de entidades oficiais para organismos privados sem ânimo de lucro.[49] Segundo Rodrigo Villar, essa proibição, já vintenária na

---

[49] Artigo 355. Ninguna de las ramas u órganos del poder público podrá decretar auxilios o donaciones en favor de personas naturales o jurídicas de derecho privado. El gobierno, en los niveles nacional, departamental, distrital y municipal podrá, con recursos de los respectivos presupuestos, celebrar contratos con entidades privadas sin ánimo de lucro y de reconocida idoneidad con el fin de impulsar

Colômbia, visou impedir a continuidade de práticas de proselitismo de parlamentares.

Na mesma linha, a Lei 720, de 24.12.2001 (regulamentada pelo Decreto 4.290, de 25.11.2005), que reconhece, promove e regula a ação voluntária na **Colômbia,** trouxe inovações legislativas sem precedentes na América Latina.

Primeiro aspecto digno de nota é o reconhecimento de que o Voluntariado é expressão do "princípio democrático da intervenção direta e ativa dos cidadãos nas responsabilidades comuns, promovendo o desenvolvimento de um tecido associativo que articule a comunidade, a partir do reconhecimento de sua autonomia e do pluralismo" (art. 5º, *b*) e também de "todos os princípios inspiradores de uma sociedade democrática, pluralista, participativa e solidária" (art. 5º, *g*).

Tais disposições evidenciam o comprometimento do legislador colombiano com a autodeterminação de sua própria Nação, reforçando sua adesão à democracia e o seu compromisso com uma sociedade coesa, embora plural, propósito também observado nas próprias finalidades do voluntariado, entre as quais, o "fomento de uma consciência cidadã generosa e participativa, para articular e fortalecer o tecido social" (art. 6º, *b*), necessidade imperiosa em um país esfacelado por uma não declarada guerra civil que alijou do controle governamental, parte relevante do território nacional.

O segundo aspecto que merece destaque é a fixação, em lei, do *direito* das organizações de voluntariado de receberem medidas

programas y actividades de interés público acordes con el Plan Nacional y los planes seccionales de Desarrollo. El Gobierno Nacional reglamentará la materia.

de apoio financeiro, material e técnico, mediante recursos públicos orientados ao adequado desenvolvimento de suas atividades, e também o *direito* de participar no desenho de política públicas e cidadãs pelos meios estabelecidos na Constituição e na Lei (art. 8º.). Embora seja fato incontroverso que ONGs costumeiramente recebam recursos governamentais para suas atividades, elevar tal fato à condição de direito foi uma inovação ousada da Colômbia, assim como também o foi a previsão, na mesma lei, da obrigação de o governo federal estabelecer os mecanismos necessários para facilitar a construção de um indicador que valore o aporte do voluntariado para o Produto Interno Bruto (PIB) do país.[50]

Outro aspecto relevante foi o estabelecimento de um "sistema nacional de voluntariado", composto do conjunto de instituições, organizações, entidades e pessoas que realizem ações de voluntariado (art. 9º), inclusive fortalecendo a ação voluntária por meio de alianças estratégicas e trabalho em rede com a sociedade civil e com o Estado (art. 10). Essa iniciativa foi importantíssima, e levou à criação do Departamento Administrativo Nacional de

---

[50] A adoção, ainda em 2001, de normas visando à quantificação da contribuição do trabalho voluntário para as contas nacionais colombianas representou a antecipação, em alguns anos, da recomendação da Comissão de Estatística das Nações Unidas para que os países-membros adotassem o Handbook on Nonprofit Institutions in the System of National Accounts desenvolvido pelo John Hopkins Center for Civil Society Studies. Atualmente há evidências de que apenas Austrália, Bélgica, Canadá, França, Israel, Japão, Moçambique, Noruega, Nova Zelândia e República Checa adotaram o sistema. Ver http://www. ccss.jhu.edu/index.php?section=content&view=16&sub=91&tri=97 (acesso em 1º.11.2010).

Economia Solidária (Donsocial), para desenvolver projetos de capacitação, assistência técnica, fomento e fortalecimento das organizações de voluntariado.

Por fim, em outra iniciativa colombiana digna de destaque, a Lei 850, de 2003, introduziu as *veeduras ciudadanas*, um mecanismo democrático de representação que permite aos cidadãos ou às diferentes organizações comunitárias, exercer vigilancia sobre a gestão pública no que diz respeito às autoridades administrativas, políticas, judiciais, eleitorais, legislativas e órgãos de controle, assim como das entidades públicas ou privadas e das organizações não governamentais de caráter nacional (no mesmo sentido, no Brasil, as OSCIP) ou internacional que operem no país, encarregadas da execução de programas, projetos, contratos ou prestação de serviços públicos.

No **México**, a *Ley Federal de Fomento* de 15.12.2003, adotando a mesma estratégia observada no Brasil com as OS-CIP em 1999, e na Espanha, em 2002, enumerou as atividades de interesse público que serão objeto de fomento (art. 5º) de forma a, assim, qualificar ainda mais a tradicional exigência de finalidade não lucrativa.

A lei estabelece também que toda entidade registrada deve, em caso de dissolução, transmitir os bens que tenha adquirido com apoios ou estímulos públicos a outra organização também registrada, dispositivo que demonstra evidente influência de norma análoga estabelecida em 1999 no Brasil, para as OSCIP (art. 18, VI, da Lei 9.750/95).

A lei instituiu uma comissão governamental composta por quatro pessoas de nível hierárquico de subsecretário, representando as Secretarias (Ministérios) de Desenvolvimento Social,

Governo, Fazenda e Relações Exteriores, com o propósito de facilitar a coordenação de esforços no desenho, execução, acompanhamento e avaliação de ações de fomento empreendidas pelo poder público.

Essa Comissão governamental é apoiada por um Conselho Técnico Consultivo, composto por 17 pessoas, sendo nove representantes de organizações registradas; quatro representantes dos setores acadêmico, profissional, cientifico e cultural; dois representantes do poder legislativo federal; um Secretário Executivo e um Presidente, ambos indicados pelo poder executivo federal. O Conselho tem a atribuição de analisar as políticas de fomento, sugerir medidas administrativas e operacionais e emitir recomendações para sanções a entidades registradas que descumpram as obrigações da lei.

Também no México, em 1988, foi criada uma forma inovadora de financiamento das entidades do terceiro setor, por meio de organismos e agências internacionais, tais como o Banco Interamericano de Desenvolvimento, ao qual se denominou "swap social". No âmbito financeiro denomina-se "swap" (intercâmbio) o procedimento pelo qual o governo devedor realiza o pagamento seletivo de certa quantia de sua dívida externa, na condição de que esse montante seja investido no país, e que o pagamento se faça em moeda nacional.

Em 1988, pressionado pela dívida externa, o governo mexicano aprovou o mecanismo com o fim de aplicá-lo em programas sociais de desenvolvimento de habitações populares, empregos, educação, saúde, infraestrutura rural, assistencial, reabilitação de monumentos. Pelo sistema, as organizações não lucrativas podem receber recursos adicionais; ao receber uma doação em moeda estrangeira no lugar de converterem diretamente tal doação em moeda nacional.

O mecanismo de "swaps sociais" beneficiou mais de 600 organizações no México. Quando foi aplicado pela primeira vez, em 1988, levantou oito milhões de dólares, posteriormente alcançando quinze milhões de dólares, em sua maioria através da Fundação para o Apoio da Comunidade (FAC) e, posteriormente, por meio do Fundo para Assistência, Promoção e Desenvolvimento, criado para este efeito. Com a estabilização da dívida externa mexicana, novas operações de "swaps" estão suspensas desde 1998.

Na **França**, merecem destaque dois documentos que instituíram regras para o relacionamento entre poder público e organizações da sociedade civil no intuito de contrabalançar o respeito à liberdade de associação e os imperativos do interesse público: a Circular 2010 SG de 27.1.1975, do Primeiro Ministro, e a Circular de 25.2.1975, do Ministro da Saúde (Delsol).[51] É de se destacar que o caráter unitário do Estado Francês e o decorrente e natural controle central sobre a vida do cidadão são percebidos em todo o regime legal instituído para as organizações da sociedade civil. Nesses dois documentos, destaca-se, em primeiro lugar, a "sugerida" faculdade de admissão de representantes do poder público nas entidades, seja no nível de assembleia (nas associações) ou de conselho (nas associações e fundações), como contrapartida ao recebimento de recursos governamentais e cessão de servidores, no que se assemelha ao regime introduzido por Bresser-Pereira

---

[51] DELSOL, Xavier. *Code des associations*. Paris: Groupe Juris, 1998. p. 157-163.

no **Brasil**, quando da edição da Lei das Organizações Sociais, em 1998. Em segundo lugar, merece atenção a adoção (por "convite") de um plano contábil padronizado por todas as entidades que recebem recursos governamentais, iniciativa que claramente facilita a consolidação e comparação de informações e custos e, consequentemente, a fiscalização e o controle.

Terceiro aspecto a destacar é a possibilidade de suspensão, pelo órgão público financiador, de certas deliberações dos órgãos de administração da entidade que se apresentem danosos ao intento avençado na parceria, a qual pode ainda evoluir para a designação de um administrador provisório para gerir o estabelecimento ou o serviço financiado com recursos governamentais.

Também a depender do montante de recursos governamentais recebidos por uma entidade sem fins lucrativos, novos instrumentos de controle são criados. Por exemplo, o recebimento de 15.000 euros do Estado ou a captação de recursos do público autoriza o controle pelas câmaras regionais de contas *(chambres régionales des comptes)*; a percepção de valor superior a 150.000 euros exige um auditor independente *(Comissaire aux comptes);* o recebimento de mais de 153.000 euros viabiliza o acesso da população às contas da entidade.[52]

---

[52] Respectivamente, Lei 91.772, de 7.8.1991, Lei 93.122, de 29.1.1993, e Lei 2.321, de 12.5.2000.

Capítulo V

Recomendações para uma agenda propositiva

Ideias para o debate do marco regulatório do Terceiro Setor

O aprimoramento do marco regulatório da sociedade civil organizada em um Estado Democrático de Direito onde se assegurem as liberdades de iniciativa, expressão e associação, necessariamente deve compreender e balancear iniciativas legislativas do Estado e mecanismos autorregulatórios da própria sociedade civil.

O primeiro grupo compreende não apenas as leis em sentido formal, mas também os atos originários do Executivo e dos órgãos encarregados de controle de entidades, como, por exemplo, o Ministério Público. Também compreende o *entendimento* que o aparato burocrático estatal dá às normas existentes que, no caso de entidades do Terceiro Setor, deve ponderar a função social da propriedade e dos contratos e o regime jurídico de direito privado atuando na esfera pública – mas não estatal – além das normas aplicáveis ao gasto de recursos do Erário e ao uso de bens públicos.

Já o segundo deriva do entendimento de que a democracia exige prestação de contas de atos e decisões e transparência na motivação do processo decisório, mormente quando o particular capta e administra recursos amealhados para uma causa de interesse público, e, portanto, sujeita a ditames além daqueles que o gestor privado, ainda que ativo e probo, está acostumado a aplicar na condução de seus próprios negócios.

As experiências internacionais citadas nesta obra são aquelas que, dentro das limitações de nossos conhecimentos de idiomas e de sistemas legais estrangeiros, pareceram-nos mais interessantes e avançadas do que aquelas que existem no Brasil e, por isso, podem ser usadas como base para o debate de tópicos de reforma do marco regulatório da sociedade civil organizada em nosso país.

Em nossa pesquisa, não encontramos um "Estatuto do Terceiro Setor" que fosse capaz de compreender toda a regulação da sociedade civil organizada. Mesmo as extensas leis de Argentina, Colômbia e México ficaram muito aquém dessa pretensão. Se o Estado, ente único que é, não pode ser regulado por uma única norma, o que se pode propor para a sociedade civil democrática e, portanto, multifacetada e com inúmeros e permanentes conflitos internos?

Recomendações para uma agenda de debate, apenas. São elas:

1. uniformizar os critérios e procedimentos para instituição de fundações em todo o Brasil;

2. estimular o fortalecimento do setor fundacional por meio de operações de reorganização societária (fusões, incorporações e transformações) e pela admissão de fundações gestoras de fundos setoriais independentes entre si, a exemplo da França;

3. estimular a criação de fundos patrimoniais permanentes de fundações por meio de incentivos fiscais específicos para indivíduos e empresas;

4. estimular as doações de indivíduos a entidades sem fins lucrativos, por meio de incentivos fiscais específicos;

5. estabelecer incentivos fiscais que permitam a dedutibilidade das doações efetuadas por indivíduos e empresas ao poder público, inclusive em situações de emergência ou estado de calamidade pública e cooperação humanitária internacional;

6. estabelecer claramente a possibilidade de operação internacional de entidades sem fins lucrativos brasileiras em países e áreas prioritários da agenda diplomática nacional (países lusófonos, aquecimento global etc.);

7. retomar a edição, pela Receita Federal, dos relatórios consolidados da DIPJ, interrompidos no ano-base de 2004;

8. simplificar os procedimentos de prestação de contas ao CNEs e SICAP para entidades que não captam recursos públicos, adotando as mesmas faixas de receita bruta instituídas para o IRPJ;

9. emitir relatórios anuais (censos) com harmonioso rigor estatístico e metodológico a partir das bases de dados de cadastros de órgãos públicos de controle (CNEs e SICAP) que permitam estabelecer séries históricas e análises de tendências envolvendo as fundações do país e as organizações tituladas e qualificadas em nível federal;

10. transformar o CNEs em um cadastro nacional (não apenas federal), tornando a inscrição prévia da entidade em condição necessária para o acesso a recursos públicos por meio

de contratos com dispensa ou inexigibilidade de licitação, convênios, ajustes ou termos de parceria, recebimento de auxílios e subvenções ou acesso a incentivos fiscais das leis de esporte, cultura, idoso, e criança e adolescente.

Capítulo VI

Documentos internacionais relevantes

Como vimos ao longo deste estudo, a reforma do marco regulatório da sociedade civil organizada é tema atual e em constante evolução. Se, para nós, no Brasil, o uso das entidades como veículo para corrupção e desvio de dinheiro governamental é fator de preocupação em qualquer iniciativa de aprimoramento regulatório, no exterior, o tema do terrorismo é marcante.

Hoje, infelizmente, as pessoas atuantes no Terceiro Setor devem estar muito atentas para não tomarem altruísmo por ingenuidade; ou liberdade por licenciosidade. As relações legais e econômicas ficaram muito mais complexas depois que a tecnologia facilitou o acesso à informação e a transferência de recursos financeiros. Tomando a liberdade de usar uma alegoria que remete ao nosso período colonial, hoje, milhares de pessoas se engajam em romarias para o bem comum sem se aperceber que seguem "santos do pau oco".

Para não nos tornarmos vítimas da descrença e do ceticismo, que matariam as iniciativas verdadeiras do Terceiro Setor, governos das principais economias mundiais se debruçaram sobre o tema do aprimoramento regulatório e produziram os documentos a seguir transcritos, que se propõem a uma empreitada cooperativa de controle dos desvios no setor.

Começamos com a OCDE, a Organização de Cooperação e Desenvolvimento Econômico, entidade intergovernamental que tem desempenhado papel chave no aprimoramento do marco regulatório internacional. Ato contínuo, apresentamos as diretrizes voluntárias (?) fixadas pela Secretaria do Tesouro dos EUA para orientação das doações transnacionais das fundações e empresas privadas norte-americanas, que, em sua terceira versão, já apresentam suavização de medidas sugeridas pela própria sociedade civil organizada. Por fim, a orientação da Comissão Europeia para os Estados-Membros da União é apresentada ainda em forma de minuta, que, submetida à consulta pública, recebeu diversas sugestões e comentários de entidades europeias e de outros países.

Nenhum dos documentos esteve originariamente disponível em português, razão pela qual eventual imprecisão na tradução deve ser debitada aos autores. De toda forma, fizemos o melhor possível para balancear o texto original com expressões mais conhecidas em nosso país. Textos originais estão disponíveis nos sítios da internet das entidades emissoras.

■ Melhores Práticas da OCDE (2002)

COMBATENDO O ABUSO DE ORGANIZAÇÕES SEM FINS LUCRATIVOS

Introdução e definição

1. O uso indevido das organizações sem fins lucrativos para o financiamento do terrorismo está passando a ser reconhecido como um ponto fraco crucial na luta global para deter esse tipo de financiamento, na sua origem. Esse tema capturou a atenção do Grupo de Ação Financeira (GAFI), do G7, e das Nações Unidas, bem como das autoridades nacionais, em muitas regiões. Dentro do GAFI, tornou-se justamente o prioritário foco de trabalho para implementar a Recomendação Especial VIII (organizações sem fins lucrativos).

2. Organizações sem fins lucrativos podem assumir uma variedade de formas, dependendo da jurisdição e do sistema jurídico. Entre os membros do GAFI, a legislação e a prática reconhecem associações, fundações, comitês de captação de recursos, organizações de serviço comunitário, empresas de interesse público, sociedades limitadas, instituições públicas beneficentes, todas como formas legítimas de organizações sem fins lucrativos, apenas para citar algumas.

3. Esta variedade de formas jurídicas, bem como a adoção de um enfoque baseado em risco para o problema, milita em favor de uma definição funcional, ao invés de uma definição legalista. Assim, o GAFI desenvolveu sugestões de práticas que podem melhor ajudar as autoridades a proteger as organizações sem fins lucrativos que participam na captação ou distribuição de fundos para causas caritativas, religiosas, culturais, educacionais, sociais ou fraternais,

ou para a realização de outros tipos de "boas obras", de serem mal utilizadas ou exploradas pelos financiadores do terrorismo.

Definição do problema

4. Infelizmente, vieram à luz inúmeros casos em que a captação de recursos para a caridade, isto é, o conjunto de recursos de doadores e sua redistribuição para fins de beneficência – foi usada para fornecer cobertura ao financiamento do terrorismo. Em certos casos, a própria organização era uma farsa e existia apenas para canalizar o dinheiro para os terroristas. No entanto, muitas vezes, o abuso de organizações sem fins lucrativos ocorreu sem o conhecimento dos doadores, ou até mesmo dos membros da gerência e dos funcionários da própria organização, devido à má-fé de empregados e/ou gestores, que desviaram fundos por conta própria. Além do apoio financeiro, algumas organizações sem fins lucrativos também têm dado cobertura e apoio logístico à movimentação de terroristas e de armas. Alguns exemplos desses tipos de atividades são apresentados ao final deste relatório, no anexo sobre Tipologias.

Princípios

5. Os seguintes princípios guiam o estabelecimento dessas melhores práticas:

• o setor de caridade é um componente vital da economia mundial e de muitas economias nacionais, bem como de sistemas sociais, complementando as atividades das empresas e dos setores governamentais e fornecendo um amplo espectro de serviços públicos e de melhoria da qualidade de vida. Queremos salvaguardar e manter a prática da caridade e a comunidade forte e diversificada das instituições mediante as quais ele opera.

• a supervisão das entidades sem fins lucrativos é uma empreitada cooperativa entre o governo, o Terceiro Setor, as pessoas que apoiam a caridade e aqueles a quem ela serve.

Robustos mecanismos de supervisão e certo grau de tensão institucional entre as organizações sem fins lucrativos e entidades governamentais responsáveis por sua fiscalização não se opõem a metas comuns e a funções complementares – todos buscam promover a transparência e a prestação de contas e, mais amplamente, objetivos comuns de bem-estar social e segurança.

• a supervisão do governo deve ser flexível, eficaz e proporcional ao risco de abuso. Mecanismos que reduzam o ônus do cumprimento sem criar brechas para os financiadores do terrorismo devem ser devidamente considerados. As pequenas organizações que não levantam grandes quantidades de dinheiro proveniente de fontes públicas e associações ou organizações de base local cuja principal atividade seja a redistribuição de recursos entre os seus membros não demandam supervisão aumentada do governo.

• diferentes jurisdições cuidam da regulação das organizações sem fins lucrativos a partir de diferentes marcos constitucionais, legais, regulatórios e institucionais, e qualquer padrão internacional ou gama de modelos deve permitir tais diferenças, ao mesmo tempo que aderem aos objetivos de estabelecer transparência e prestação de contas na forma como organizações sem fins lucrativos coletam e remetem fundos. Entende-se ainda que a capacidade de regular atividades religiosas pode ser restringida em algumas jurisdições.

• as jurisdições podem divergir sobre o alcance dos propósitos e atividades que estão dentro da definição de "Caridade", mas todos devem concordar que não se incluem atividades que apoiam direta ou indiretamente o terrorismo, incluindo ações que poderiam servir para induzir ou compensar participação em atos terroristas.

• em muitas jurisdições, o setor não lucrativo é autorregula-
do ou tem organizações representativas ou de credenciamento
que podem e devem desempenhar seu papel na proteção do
setor contra abusos, no contexto de uma parceria público-
-privada. Medidas para fortalecer a autorregulação devem ser
incentivadas como um método importante de diminuir o risco
de abuso por parte de grupos terroristas.

Áreas de foco

6. A análise preliminar das investigações, ações de blo-
queio, e atividades de aplicação da lei de várias jurisdições
indicam várias maneiras como as organizações sem fins lucrativos têm sido utilizados por terroristas e sugere áreas em
que as medidas preventivas devem ser consideradas.

(i) Transparência financeira

7. Organizações sem fins lucrativos recolhem centenas de
bilhões de dólares anuais a partir de doadores e distribuem
esses fundos – depois de pagar seus próprios custos administrativos – para os beneficiários. Transparência é do interesse
dos doadores, organizações e autoridades. No entanto, o alto
volume de transações realizadas por organizações sem fins
lucrativos, combinado com o desejo de não sobrecarregar
indevidamente legítimas organizações, geralmente subesti-
ma a importância da adoção do apropriado nível de regras
e supervisão na área, sob critérios proporcionais de risco e
dimensão organizacional ou financeira.

a. Contabilidade financeira

– Organizações sem fins lucrativos devem manter e ser
capazes de apresentar orçamentos e relatórios financeiros

que deem conta de todas as despesas programáticas. Tais relatórios devem indicar a identidade dos receptores e como o dinheiro deverá ser usado. O orçamento administrativo também deve ser protegido de desvios, por meio de relatórios, controles e fiscalizações análogas.

– A auditoria independente é um método amplamente reconhecido para garantir que as contas de uma organização refletem exatamente a realidade das suas finanças e deve ser considerada uma boa prática. Muitas organizações sem fins lucrativos submetem-se a auditorias para manter a confiança dos doadores, e algumas autoridades regulatórias as exigem. Sempre que possível, tais auditorias devem ser realizadas para garantir que essas organizações não estão sendo abusadas por grupos terroristas ou criminosos. Note-se que a auditoria financeira não é, por si só, uma garantia de que os fundos estão realmente atingindo os beneficiários.

b. Contas bancárias:

– É considerada uma das melhores práticas para organizações sem fins lucrativos que mantêm fundos, detêm contas bancárias nominativas e mantêm os seus recursos em tais contas, utilizando os canais formais e registrados para transferência de fundos, notadamente para o exterior, onde, portanto, organizações sem fins lucrativos que manuseiem largas quantias de dinheiro devem usar os sistemas financeiros formais para conduzir suas transações financeiras. A adoção dessa melhor prática trará as contas das organizações sem fins lucrativos para dentro do sistema bancário formal e sob os controles e regras desse sistema.

(ii) Verificação programática

8. A necessidade de verificar adequadamente as atividades de uma organização sem fins lucrativos é crítica. Em vários

99

casos, os programas que foram relatados ao escritório não estavam sendo implementados tal como representado, tendo os recursos de fato sido desviados para organizações terroristas. Organizações sem fins lucrativos devem estar em condições de conhecer e verificar que os fundos foram gastos conforme o anunciado e planejado.

a. Solicitações

9. Solicitações de doações devem informar detalhadamente aos doadores os propósitos para os quais os fundos estão sendo levantados. A organização não governamental deverá ainda assegurar aos doadores que os fundos serão usados para o propósito informado.

b. Supervisão

10. Para ajudar a garantir que os fundos estão chegando ao beneficiário pretendido, as organizações sem fins lucrativos devem formular as seguintes questões gerais:

• Foram os projetos efetivamente realizados?

• Os beneficiários são reais?

• Os beneficiários pretendidos receberam os recursos que foram enviados para eles?

• Todos os fundos, bens e instalações foram contabilizados?

c. Visitas de campo

11. Em vários casos, a contabilidade financeira e a auditoria podem ser insuficientes proteções contra o abuso de organizações sem fins lucrativos. Auditorias de campo dos programas podem ser, em alguns casos, o único método para a detecção de má administração de fundos. Exame de

operações de campo é claramente um mecanismo superior para descobrir malversação de todos os tipos, incluindo desvio de fundos para terroristas. Dadas as considerações de proporcionalidade com base em risco, o exame local de todos os programas pode não ser necessário. No entanto, as organizações sem fins lucrativos devem acompanhar os resultados dos programas, bem como suas finanças. Caso se justifique, visitas para verificar os relatórios devem ser realizadas.

d. operações estrangeiras

12. Quando o escritório da organização sem fins lucrativos está em um país e as operações beneficiárias têm lugar em outro, as autoridades competentes de ambas as jurisdições devem se esforçar para trocar informações e coordenar a supervisão ou o trabalho de investigação de acordo com suas vantagens comparativas. Sempre que possível, uma organização sem fins lucrativos deve tomar medidas adequadas para prestar contas dos recursos e dos serviços que presta em outros locais fora de sua jurisdição de origem.

(iii) Administração

13. Organizações sem fins lucrativos devem ser capazes de documentar controles administrativo, gerencial e de políticas sobre suas operações. O papel do Conselho de Administração, ou seu equivalente, é fundamental.

14. Muito tem sido escrito sobre as responsabilidades dos Conselhos de Administração no mundo corporativo, e os últimos anos viram um aumento no foco e escrutínio do importante papel da Administração no ético e saudável funcionamento de uma organização. Administradores de

organizações sem fins lucrativos, ou aquelas pessoas com responsabilidade equivalente para a direção e o controle da gestão de uma organização, também têm a responsabilidade de agir com diligência e com a preocupação de que a organização atue de forma ética. Os dirigentes de uma organização sem fins lucrativos precisam saber quem estão agindo em nome da organização – em particular, os administradores de escritórios, procuradores e aqueles com a autoridade de assinatura. A administração deve agir com cautela, adotando proativamente medidas de controle e verificação sempre que possível, para assegurar às suas organizações parceiras e às que contribuem com financiamento, serviços ou suporte material, que a entidade não está sendo manipulada.

15. A Administração deve agir com diligência e probidade no exercício das suas funções. Falta de conhecimento ou participação passiva em assuntos de organização não dispensa um diretor – ou quem controla as atividades ou o orçamento de uma organização sem fins lucrativos – de responsabilidade. Para este fim, diretores têm responsabilidades para com:

• a organização e os seus membros, a fim de garantir a saúde financeira da organização e que ela centre-se no seu mandato declarado;

• aqueles com os quais a organização interage, como doadores, clientes, fornecedores;

• todos os níveis de governo que de alguma forma regulam a organização.

16. estas responsabilidades têm um novo significado à luz do potencial de abuso de organizações sem fins lucrativos para o financiamento do terrorismo. Se uma organização sem fins lucrativos tem um conselho de administração, o conselho deve:

• ser capaz de identificar positivamente cada executivo ou membro do Conselho;

- reunir em uma base regular e manter registros das decisões tomadas nessas reuniões;

- formalizar a maneira como as eleições para o conselho são realizadas, bem como a forma como um diretor pode ser removido;

- certificar-se de que existe uma entidade independente encarregada da revisão anual das finanças e contas da organização;

- certificar-se de que existem mecanismos adequados de controle financeiro sobre os gastos do programa, incluindo aqueles realizados mediante acordos com outras organizações;

- assegurar equilíbrio adequado entre as despesas e a entrega direta de programas e administração;

- assegurar que tenham sido postos em prática procedimentos que impeçam a utilização de instalações da organização ou de seus bens em apoio e tolerância a atividades terroristas.

Orgãos de controle

17. Vários organismos, em diferentes jurisdições, interagem com o Terceiro Setor. Em geral, evitar o uso indevido de organizações sem fins lucrativos ou organizações de angariação de fundos por terroristas não tem sido um enfoque histórico do seu trabalho. Pelo contrário, as iniciativas de supervisão, regulamentação e credenciamento até esta data vêm mantendo a confiança dos doadores por meio do combate ao desperdício e à fraude, além de assegurar que os benefícios fiscais concedidos pelo governo, se for o caso, destinam-se às organizações apropriadas Embora grande parte desse foco de fiscalização seja facilmente transferível para a luta contra o financiamento terrorista, isso também requer um ampliação do foco.

18. Não há um único enfoque correto para garantir a transparência apropriada de organizações sem fins lucrativos e jurisdições diferentes usam métodos diferentes para alcançar esse fim. Em alguns, comissões independentes têm um papel de supervisão, em outros, ministérios do governo estão diretamente envolvidos, apenas para citar dois exemplos. As autoridades fiscais têm papel destacado em algumas jurisdições, mas não em outras. Outras autoridades que têm papel na luta contra o financiamento terrorista incluem agências governamentais e reguladores bancários. Além delas, longe do aparato estatal, organizações privadas de credenciamento ou organizações de fiscalização desempenham papel importante em muitas jurisdições.

(i) Agentes governamentais da lei e segurança

19. Organizações sem fins lucrativos que financiam o terrorismo estão operando ilegalmente, assim como qualquer outro ilícito financeiro; portanto, grande parte da luta contra o abuso de organizações sem fins lucrativos continuará a depender fortemente dos agentes governamentais da lei e segurança. Organizações sem fins lucrativos não são isentas das leis penais que se aplicam a indivíduos ou empresas. Agentes governamentais da lei e segurança devem continuar a desempenhar um papel-chave na luta contra o abuso de organizações sem fins lucrativos por grupos terroristas, inclusive pela continuidade das correntes atividades em relação às organizações sem fins lucrativos.

(ii) Organismos regulatórios especializados do governo

20. Uma breve análise do padrão de regulação governamental especializada de organizações sem fins lucrativos mos-

tra uma grande variedade de práticas. Na Inglaterra e no País de Gales, essa regulamentação encontra-se em uma Comissão de Entidades especial. Nos Estados Unidos, qualquer regulação governamental especializada ocorre em nível estadual. Países membros do GCC supervisionam as organizações sem fins lucrativos, com uma variedade de órgãos reguladores, incluindo ministérios e organismos intergovernamentais. Em todos os casos, deve haver divulgação interinstitucional e discussão no seio dos governos sobre a questão do financiamento do terrorismo – em especial entre as agências que têm tradicionalmente tratado do terrorismo e das entidades reguladoras que podem não estar cientes do risco de financiamento do terrorismo por meio de entidades sem fins lucrativos. Especificamente, os peritos do financiamento do terrorismo devem funcionar com as autoridades de supervisão de organizações sem fins lucrativos para sensibilização para o problema, e eles devem alertar essas autoridades sobre as características específicas de financiamento do terrorismo.

(iii) Autoridades regulatórias bancárias, fiscais e financeiras

21. Embora reguladores bancários não sejam usualmente envolvidos na supervisão de organizações sem fins lucrativos, a discussão anterior sobre a importância de exigir que a captação de recursos e a transferência de fundos ocorram por meio de canais formais ressalta o benefício de se alistar os poderes estabelecidos da regulamentação do sistema bancário – relatório de atividades suspeitas, conheça o seu cliente (CSC), regras etc. – na luta contra o abuso ou exploração de organizações sem fins lucrativos por terroristas.

22. Nas jurisdições que oferecem benefícios fiscais para instituições de caridade, as autoridades fiscais têm um elevado

nível de interação com o setor. Esta experiência é de especial importância para a luta contra o financiamento do terrorismo, uma vez que tende a concentrar-se sobre o funcionamento financeiro das instituições de caridade. As jurisdições que recolhem informações financeiras sobre a caridade, para efeitos de deduções fiscais, devem, na medida do possível, incentivar a partilha de tais informações com os órgãos governamentais envolvidos na luta contra o terrorismo. Não obstante a sensibilidade de tais informações fiscais, as autoridades devem garantir que as informações relevantes sobre o desvio de organizações sem fins lucrativos por grupos terroristas ou simpatizantes deles sejam compartilhadas de forma apropriada.

(iv) Organizações privadas de controle (Watchdogs)

23. Nos países e jurisdições onde existam as organizações privadas "cão de guarda" ou "de acreditação" constituem um recurso único, que deve ser um ponto focal dos esforços internacionais para combater o abuso de organizações sem fins lucrativos por terroristas. Não só eles contam com observadores conhecedores das organizações de angariação de fundos, como também são muito diretamente interessados na preservação da legitimidade e reputação das organizações sem fins lucrativos. Mais do que qualquer outra classe de participantes, eles têm sido envolvidos no desenvolvimento e na promulgação das "melhores práticas" para essas organizações em uma ampla variedade de funções.

24. As jurisdições devem envidar todos os esforços para alcançar e envolver tais organizações "cão de guarda" ou "de acreditação" em sua tentativa de colocar as melhores práticas no local para combater o mau uso das entidades. Esse envolvimento pode incluir diálogos sobre como melhorar tais práticas.

Sanções

25. Os países devem usar as leis e os regulamentos existentes ou estabelecer novas disposições legislativas ou novos regulamentos para estabelecer e proporcionar sanções administrativas, civis ou criminais eficazes para aqueles que façam mau uso de entidades para o financiamento do terrorismo.

TIPOLOGIA DE MAU USO DE ORGANIZAÇÕES SEM FINS
LUCRATIVOS POR TERRORISTAS

Exemplo 1 – Organização sem fins lucrativos

1. Em 1996, um número de indivíduos conhecidos por pertencer a grupos religiosos extremistas estabelecido no sudeste do país GAFI (País A) convenceu cidadãos estrangeiros ricos, por motivos não especificados no país A, a financiar a construção de um local de culto. Esses indivíduos abastados eram suspeitos de apoiar a ocultação de parte das atividades de um grupo terrorista. Posteriormente, foi estabelecido que "S", um empresário do setor da construção, havia comprado o edifício destinado a abrigar o local de culto, reformando-o com recursos de uma de suas empresas. Ele, então, transferiu a propriedade do edifício, com um grande lucro, para o Grupo Y. pertencente aos estrangeiros ricos mencionados acima.

2. Este local de culto destinado à comunidade do lugar, de fato, também serviu para alojar "viajantes" clandestinos de círculos extremistas e recolher fundos. Por exemplo, logo após o término da reforma, percebeu-se que o lugar de oração estava recebendo doações de grande porte (milhões de dólares) de outros ricos empresários estrangeiros. Além disso, descobriu-se que um empregado do Grupo Y teria convencido

seus empregadores de que uma "fundação" seria mais apropriada para a coleta e utilização de grandes fundos sem atrair a atenção das autoridades locais. Uma fundação foi, assim, estabelecida para essa finalidade.

3. Acredita-se também que parte das atividades de "S" dedicadas à liderança de uma rede financeira internacional com múltiplos propósitos (para os quais alegadamente se realizaram investimentos de USD 53 milhões no país A, só em 1999) compreenda o fornecimento de suporte a uma rede terrorista. "S" fez uma série de viagens ao Afeganistão e aos Estados Unidos. Entre os seus bens, estão várias empresas registradas no País C e em outros lugares. Uma dessas empresas, localizada na capital do país A, teria sido uma plataforma para a coleta de fundos. "S" também comprou vários edifícios no sul do país com a conivência potencial de um notário e de uma instituição financeira.

4. Quando as autoridades do País A bloquearam uma transação imobiliária com base em suas regras para investimentos estrangeiros, o diretor da instituição financeira apresentou-se para apoiar a transação de seu cliente e o notário apresentou documentos de compra do edifício de forma a assegurar que a relevante autorização havia sido dada. Os fundos detidos pelo banco foram então transferidos para outra conta em uma jurisdição NCCT, para ocultar a sua origem quando foram usados no país A.

5. Mesmo que uma ligação formal ainda não tenha sido estabelecida entre as atividades legais das partes no país A e no exterior e o financiamento de atividades terroristas não tenha se realizado sob a autoridade de uma rede terrorista específica, os investigadores suspeitam que pelo menos parte dos rendimentos destas atividades têm sido utilizados para esse fim.

Exemplo 2: Solicitação fraudulenta de doações

6. Uma organização sem fins lucrativos pediu doações de entidades de caridade locais em certa região, em adição aos seus esforços de captação de recursos conduzidos na região de sua sede. A organização falsamente afirmou que os fundos recolhidos seriam destinados para os órfãos e viúvas. Na verdade, o diretor financeiro da organização servia como chefe de arrecadação de fundos para Osama bin Laden. Ao invés de fornecer apoio a órfãos e viúvas, os fundos recolhidos foram entregues a agentes da Al-Qaeda.

Exemplo 3: Filial frauda sedes

7. O diretor do escritório regional de uma organização sem fins lucrativos fraudou doadores da região para financiar o terrorismo. A fim de obter fundos adicionais a partir da sede, o diretor aumentava o número de órfãos de quem supostamente cuidava, provendo nomes de crianças que não existiam ou que já tinham morrido. Os fundos então enviados para cuidar dos órfãos inexistentes eram desviados para os terroristas da Al-Qaeda.

8. Além disso, a filial de outra organização sem fins lucrativos forneceu os meios para canalizar o dinheiro para uma organização terrorista local conhecida, ao dissimular fundos, supostamente destinados a projetos de orfanatos ou construção de escolas e casas de culto. O escritório também empregava membros das organizações terroristas e facilitava sua viagem.

Exemplo 4 – Mau uso de posição gerencial

9. Um funcionário que trabalha para uma organização de ajuda em uma região devastada pela guerra, usou seu

emprego para apoiar as atividades permanentes de uma organização terrorista conhecida de outra região. Enquanto trabalhava para a organização de ajuda humanitária como monitor, o empregado secretamente fez contato com os contrabandistas de armas na região. Ele usou sua posição como "cobertura" enquanto intermediava a compra e exportação de armas para a organização terrorista.

■ Melhores Práticas dos EUA (2006)

Terceira versão

DEPARTAMENTO DO TESOURO DOS ESTADOS UNIDOS DA AMÉRICA

DIRETRIZES DE FINANCIAMANTO ANTITERRORISTA:

PRÁTICAS VOLUNTÁRIAS RECOMENDADAS PARA INSTITUIÇÕES DE

CARIDADE COM BASE NOS EUA

I. Introdução

Após a emissão da Ordem Executiva 13.224, o Presidente George W. Bush determinou ao Departamento do Tesouro que trabalhasse com outros elementos do governo federal e a comunidade internacional para desenvolver uma campanha global e sustentada contra as fontes e canais de financiamento do terrorismo. Investigações revelaram o abuso terrorista das organizações caritativas, tanto nos Estados Unidos como em todo o mundo, para levantar e mover fundos, prestar apoio logístico, incentivar o recrutamento de terroristas ou, ainda, para cultivar suporte para organizações e operações terroristas. Esse abuso corre o risco de comprometer a confiança do doador e põe em perigo a integridade do setor de caridade, cujos serviços são indispensáveis às comunidades nacionais e mundiais.

Em resposta a esta ameaça, o Tesouro lançou pela primeira vez as *Diretrizes de Financiamento Antiterrorista: Práticas Voluntárias Recomendadas para Instituições de Caridades nos EUA* ("diretrizes") em novembro de 2002. Em Dezembro de 2005, com base na extensa revisão e comentário pelo setor público e privado, o Tesouro revisou e liberou as diretrizes em forma de minuta para nova consulta pública. Com base nos comentários recebidos, o Tesouro alterou as diretrizes para melhorar a sua utilidade ao setor de caridade, na adoção de práticas que melhor o protejam contra os terroristas e suas redes de apoio.

As diretrizes são projetadas para aumentar o conhecimento dos doadores e das comunidades filantrópicas acerca dos tipos de práticas que instituições de caridade podem adotar para reduzir o risco de financiamento ou abuso do terrorismo. Essas diretrizes são voluntárias e não criam, substituem ou modificam atuais e futuros requisitos legais aplicáveis aos cidadãos americanos e instituições sem fins lucrativos dos EUA. Adesão a essas diretrizes não constitui uma defesa jurídica contra qualquer responsabilidade civil ou penal por violar qualquer legislação local, estadual ou federal. Além disso, essas diretrizes não representam uma exaustiva e abrangente compilação de melhores práticas. Muitas instituições de caridade, por meio de sua extensa experiência e especialização na entrega de ajuda internacional, já desenvolveram controles internos eficazes e práticas que diminuem o risco de abuso ou financiamento do terrorismo. Em vista disso, o Tesouro não estimula que as instituições de caridade abandonem as práticas e os controles internos comprovados. Em vez disso, as orientações são destinadas a ajudar instituições de caridade em desenvolvimento, reavaliação ou reforço de um enfoque baseado no risco de se proteger contra a ameaça de desvio de fundos de caridade ou exploração de atividade caritativa por organizações terroristas e suas redes de apoio.

Além disso, essas diretrizes destinam-se a ajudar instituições de caridade na compreensão e facilitação do cumprimento de regras preexistentes nos EUA, relacionadas ao combate ao financiamento do terrorismo, que incluem (mas não estão limitados a) vários programas de sanções administrados pelo escritório de controle de ativos estrangeiros (OFAC). Esses requisitos legais preexistentes estão claramente marcados no texto das diretrizes.

A natureza destas diretrizes, baseadas em riscos, reflete o reconhecimento do Tesouro de que uma abordagem "tamanho único" é insustentável e inadequada, por conta da diversidade do setor de caridade e de suas operações. Nesse sentido, determinados aspectos das diretrizes não serão aplicáveis a toda instituição de caridade, atividade caritativa ou circunstância. Além disso, o Tesouro reconhece que determinadas circunstâncias (tais como desastres catastróficos) podem dificultar a aplicação das orientações. Em tais casos, instituições de caridade devem manter um enfoque baseado no risco, que inclui todas as medidas razoáveis e prudentes possíveis nas circunstâncias. Instituições de caridade e doadores são encorajados a consultar essas diretrizes ao considerar medidas de proteção para evitar a infiltração, a exploração ou o abuso por parte dos terroristas. Embora seguir essas diretrizes não garanta proteção contra abuso de terrorista, controles internos eficazes que incorporam princípios e práticas estabelecidos nessas diretrizes podem impedir o desvio de recursos da caridade de seus usos adequados, bem como identificar as situações que envolvem financiamento terrorista ou abuso.

O Tesouro reconhece a importância vital da comunidade filantrópica na prestação de serviços essenciais em todo o mundo. O Tesouro também reconhece a dificuldade de prestar assistência a pessoas em necessidade, muitas vezes em regiões remotas e inacessíveis, e aplaude os esforços da comunidade filantrópica em atender a essas necessidades. O objetivo dessas diretrizes é facilitar esforços de caridade legítimos e proteger a integridade dos doadores e das entidades de boa-fé, oferecendo maneiras de impedir que organizações terroristas explorem as atividades caritativas em seu próprio benefício.

II. Princípios fundamentais de boas práticas filantrópicas

A. Instituições de caridade são entidades independentes e não fazem parte do governo dos EUA. Como todas as pessoas norte-americanas, organizações de caridade devem respeitar as leis dos Estados Unidos, que incluem (mas não estão limitados a) todos os programas de sanções administrados pela OFAC.

B. As organizações de caridade são encorajadas a adotar práticas para além das exigidas por lei que ofereçam garantias adicionais de que todos os ativos são usados exclusivamente para fins de caridade ou a outros legítimos propósitos.

C. Indivíduos agindo como representantes de qualquer organização de caridade devem exercer o devido cuidado no desempenho das suas responsabilidades, consistentes com a legislação local, estadual e federal.

D. Governança e responsabilidades e prestações de contas fiscais e programáticas são componentes essenciais do trabalho de caridade e devem refletir-se em todos os níveis de uma organização de caridade e de suas operações.

III. Governança, transparência e prestação de contas

A. Atos Societários: As organizações devem funcionar de acordo com instrumentos que as regem como, por exemplo, estatuto, regimento interno etc. Tais instrumentos devem:

1. delinear os propósitos e objetivos da entidade;

2. definir a estrutura da entidade, incluindo a composição de seus órgãos dirigentes, procedimentos para

escolha e substituição de seus membros, e a autoridade e responsabilidades de cada órgão de gestão;

3. definir requisitos relativos a prestação de contas, relatórios financeiros e práticas para solicitação e distribuição de recursos; e

4. declarar que a entidade cumprirá toda a legislação pertinente, em nível local, estadual e federal.

B. Supervisão independente: É importante que organizações de caridade tenham supervisão independente de suas operações de caridade, e cada organização de caridade deve determinar qual estrutura de supervisão melhor se adapta à sua realidade, com capacidade de fornecer análise imparcial das suas operações. As seguintes disposições estabelecem os princípios básicos para a criação de um organismo de supervisão transparente e responsável ("Conselho de Administração").

1. Membros do Conselho de Administração normalmente não devem ter um papel ativo na gestão diária da organização. A entidade deve estabelecer uma política de conflito de interesse tanto para os membros do Conselho como para seus funcionários. Essa política deverá estabelecer procedimentos a serem seguidos se um membro do Conselho ou funcionário tiver conflito de interesses relacionados com a gestão ou operações da entidade.

2. O Conselho de Administração deve ser responsável pela conformidade da organização com as leis aplicáveis, suas finanças e práticas contábeis, e pela adoção, implementação e supervisão de práticas, incluindo registros financeiros, que salvaguardem efetivamente os ativos da entidade.

3. O Conselho de Administração deve manter registros de suas decisões.

4. Instituições de caridade devem manter e divulgar publicamente uma lista atual de membros do Conselho de Administração, seus salários e sua afiliação com qualquer subsidiária ou filial da organização.

5. Respeitando os direitos de privacidade individual, instituições de caridade devem manter registos de identificação com informações sobre os membros do Conselho de administração, tais como endereço, e-mail e endereços URL, número de documentos, nacionalidade, *etc.*

6. Respeitando os direitos de privacidade individual, instituições de caridade devem manter registros de informações de identificação de pessoas que recebam recursos da entidade.

7. Quando intimadas ou quando existir outra solicitação pertinente, as instituições de caridade devem submeter as informações requeridas à autoridade solicitante, em tempo hábil.

C. Empregados-chave

1. Instituições de caridade devem manter e divulgar publicamente uma lista atual dos salários e benefícios diretos ou indiretos pagos aos cinco mais bem pagos ou mais influentes empregados (os principais funcionários).

2. Enquanto inteiramente respeitando os direitos de privacidade individual, instituições de caridade devem manter registros que contenham informações de identificação (tais como endereço, e-mail, números de documentos) sobre seus empregados chave trabalhando no

exterior. Essa informação deve ser semelhante àquela mantida pela entidade no curso normal de suas operações, sobre todos os funcionários norte-americanos ou estrangeiros que empregar nos Estados Unidos.

3. Respeitando os direitos de privacidade individual, instituições de caridade devem manter registros com informações de identificação sobre os empregados--chave de subsidiárias ou afiliadas que receber fundos da entidade.

IV. Transparência e Prestação de Contas Financeira

A. A entidade deve ter um orçamento, aprovado previamente em base anual, aprovado e supervisionado pelo Conselho de Administração.

B. O Conselho de Administração deve designar uma pessoa para servir como diretor financeiro-contábil, responsável pelo controle cotidiano sobre os ativos da entidade.

C. Se a receita bruta anual total da entidade exceder US $250000, o Conselho de Administração deve selecionar uma empresa de auditoria independente para auditar as demonstrações financeiras da entidade, anualmente, cujo relatório será disponibilizado ao público em geral.

D. Solicitações de Fundos

1. A entidade deve indicar claramente seus propósitos e objetivos quando captar recursos, de forma a possibilitar que qualquer pessoa possa avaliar se os efetivos desembolsos estão alinhados com tais objetivos.

2. Pedidos de doações deverão indicar precisa e claramente ao doador onde e como os recursos doados serão gastos.

3. A entidade deverá garantir que todo material de captação de recursos ou com informações sobre suas atividades, distribuídos por qualquer forma, sejam precisos, verdadeiros e sem indução a erro, no todo ou em parte.

4. A entidade deverá, completa e imediatamente, informar publicamente as circunstâncias que justifiquem o desembolso de recursos em propósitos filantrópicos diferentes daqueles para os quais os fundos foram solicitados ou recebidos.

E. Recepção e desembolso de fundos

1. A entidade deve registrar contabilmente todos os fundos recebidos e desembolsados em conformidade com os princípios contábeis geralmente aceitos e os requisitos legais aplicáveis. A entidade deve ainda manter registros dos salários que paga e dos gastos em que incorre (nacional e internacionalmente).

2. A entidade deve incluir na sua contabilidade todos os desembolsos, o nome de cada beneficiário, o montante pago, a data e a forma de pagamento para cada desembolso.

3. A entidade, após o registro, deverá imediatamente depositar todos os fundos recebidos em uma conta mantida em instituição financeira. Em particular, toda doação em espécie deve ser imediatamente depositada na conta bancária da instituição.

4. A entidade deve fazer pagamentos por cheque ou por transferência eletrônica, em lugar de pagamentos em dinheiro, sempre que tais meios financeiros estejam razoavelmente disponíveis. Caso tais meios financeiros

não existam ou outras exigências requeiram que os desembolsos sejam feitos em espécie (como no caso da ajuda humanitária em áreas rurais de muitos países em desenvolvimento ou em áreas remotas atingidas por catástrofes naturais), a entidade deverá desembolsar a moeda no menor montante possível, em parcelas suficientes para atender às necessidades imediatas e de curto prazo ou iniciativas de projetos específicas, em vez de grandes somas destinadas a cobrir necessidades ao longo de um largo período de tempo, devendo ainda exercer a fiscalização sobre o uso da moeda para os fins caritativos, incluindo manutenção detalhada de registros internos de tais desembolsos de moeda.

F. Mecanismos para a divulgação pública de distribuição de recursos e serviços

1. A entidade deve manter e divulgar publicamente uma lista atual de quaisquer sucursais, subsidiárias e afiliadas que recebem recursos e/ou serviços da entidade.

2. A entidade deve divulgar publicamente ou fornecer a qualquer pessoa do público em geral, a pedido, um relatório anual. O relatório anual deve descrever seus fins, programas, atividades, *status* de isenção fiscal, estrutura e responsabilidade do Conselho de Administração da entidade, bem como suas demonstrações financeiras.

3. A entidade deve divulgar publicamente ou fornecer a qualquer membro do público em geral, a pedido, demonstrações financeiras anuais completas, incluindo um resumo dos resultados da auditoria mais recente da entidade. As demonstrações financeiras devem

apresentar a condição financeira global de entidade e de suas atividades financeiras de acordo com os princípios de contabilidade geralmente aceitos e práticas de emissão desses relatórios.

V. Verificação Programática

A. Fornecimento de Recursos

Ao fornecer *recursos* (contribuições em espécie e monetárias), a responsabilidade fiscal de uma instituição de caridade deve incluir:

1. determinação de que o beneficiário da contribuição monetária ou em espécie tem capacidade para atingir o objetivo filantrópico da subvenção e para proteger os recursos de desvio para fins não altruísticos ou para organizações terroristas e/ou de suas redes de apoio;

2. fixação dos termos da concessão em acordo escrito assinado pela entidade e pelo beneficiário;

3. acompanhamento permanente dos beneficiários e das atividades financiadas com amparo no termo da concessão; e

4. correção de qualquer utilização indevida de recursos pelo beneficiário, encerrando a relação se o desvio continuar.

B. Fornecimento de Serviços

Ao fornecer *serviços*, a responsabilidade fiscal de uma instituição de caridade deve incluir:

1. medidas destinadas a reduzir o risco de que seus ativos sejam usados para fins diversos ou por organi-

zações terroristas e/ou suas redes de apoio; e

2. suficiente auditoria ou registro contábil para rastrear a entrega de serviços ou *commodities*, desde a entidade ou seu provedor até o seu uso pelo beneficiário.

C. Revisão Programática

A entidade deve rever as operações programáticas e financeiras de cada beneficiado da seguinte forma:

1. a entidade deve exigir relatórios periódicos dos beneficiários sobre suas atividades operacionais e a utilização dos fundos desembolsados;

2. a entidade deve exigir que os beneficiários adotem medidas razoáveis para assegurar que os fundos fornecidos não são distribuídos a terroristas ou suas redes de apoio nem usados para atividades de apoio a organizações de terrorismo. Periodicamente, o beneficiário deve informar à entidade sobre as medidas tomadas para atender a esse objetivo; e

3. a entidade deve realizar auditorias locais de rotina dos seus beneficiários, na medida do razoável – consistente com o tamanho do desembolso, o custo da auditoria e os riscos de desvio ou abuso dos recursos – para assegurar que o beneficiário tomou as medidas adequadas para proteger os recursos de desvio, ou de abuso ou de influência de terroristas ou suas redes de apoio.

VI. Melhores práticas antifinanciamento terrorista

Instituições de caridade devem considerar tomar as seguintes medidas antes de distribuir quaisquer fundos (e contribuições em espécie). Conforme explicado na seção I, estas medidas sugeridas são voluntárias. O objetivo dessas medidas é melhor proteger as entidades contra o risco de abuso terrorista e facilitar o cumprimento das leis que toda pessoa ou entidade norte-americana deve atender.

De acordo com o perfil de risco de uma organização específica, a adoção de todas essas etapas pode não ser aplicável ou apropriada. Quando adotarem esses passos, instituições de caridade devem aplicar uma abordagem baseada no risco, particularmente no envolvimento com beneficiários estrangeiros, devido ao aumento dos riscos associado com atividade de caridade no exterior.

A. A entidade deve coletar as seguintes informações básicas sobre os beneficiários:

1. nome do beneficiado em inglês, na língua de origem, e qualquer acrônimo ou outros nomes usados para identificá-lo;

2. jurisdições em que o beneficiário mantenha presença física;

3. quaisquer informações históricas razoavelmente disponíveis sobre o beneficiado que garantam à entidade a identidade e integridade do beneficiário, incluindo: (i) a jurisdição em que a organização é incorporada ou formada; (ii) cópias dos atos de incorporação ou outros instrumentos que a regem; (iii) informações sobre indivíduos que formaram e operam a organização; e (iv) informações relacionadas a seu histórico de operações;

4. endereço, e-mail, endereço URL e número de telefone de cada local de atividades do beneficiário;

5. declaração de propósito principal do beneficiado, incluindo um relatório detalhado do seus projetos e metas;

6. nome, endereço, e-mail e endereço de URL de pessoas, entidades ou organizações a que o beneficiado atualmente forneça ou proponha-se a fornecer financiamento, serviços ou apoio material, na medida do razoavelmente detectável;

7. nome, endereço, e-mail e endereço de URL de qualquer entidade subcontratada do beneficiário;

8. cópias de declarações fornecidas ao governo ou relatórios públicos feitos pelo beneficiário, incluindo os documentos mais recentes do registro oficial, relatórios anuais e arquivamentos anuais com o governo pertinente, conforme aplicável; e

9. fontes de financiamento do beneficiário, como subvenções governamentais, fundos privados e atividades comerciais.

B. A entidade deve realizar a instrução básica de beneficiários da seguinte forma:

1. a entidade deve conduzir uma pesquisa razoável de informações publicamente disponíveis para determinar se o candidato é suspeito de atividades relacionadas com o terrorismo, incluindo o financiamento do terrorismo ou outro suporte. A entidade não deve entrar em relacionamento com quaisquer beneficiários sob suspeitas relacionadas com o terrorismo.

2. a entidade deve assegurar-se de que os beneficiários não aparecem na lista ("lista de SDN") mantida no site da OFAC em www.treas.gov/offices/enforcement/ofac/sdn/, nem que sejam sujeitas a sanções da OFAC.

123

3. com relação aos principais funcionários, membros do Conselho de Administração, ou outros administradores seniores da sede do beneficiário, ou funcionários-chave do beneficiado em outras localidades, a entidade deve, na medida do razoável, obter o nome completo em inglês, no idioma de origem, e qualquer acrônimo ou outros nomes usados, bem como nacionalidade, cidadania e atual país de residência, e local e data de nascimento. A entidade deve assegurar-se de que nenhum desses indivíduos é sujeito a sanções OFAC.

4. instituições de caridade devem estar cientes de que outras nações podem ter suas próprias listas de pessoas relacionadas com o terrorismo, em conformidade com as obrigações nacionais decorrentes da Resolução 1373 (2001) do Conselho de Segurança das Nações Unidas.

5. com relação aos principais funcionários, membros do Conselho de Administração, ou outros ocupantes de cargos de gerenciamento sênior descritos no parágrafo anterior, a entidade também deve considerar consultar informações publicamente disponíveis para assegurar que tais partes não são razoavelmente suspeitas de atividades relacionadas com o terrorismo, incluindo o financiamento do terrorismo ou outro suporte; e

6. como condição prévia para a aprovação de uma doação, a entidade deve exigir dos beneficiários a confirmação de que estejam em conformidade com todas as leis, estatutos e regulamentos, restringindo pessoas norte-americanas de lidar com pessoas, entidades ou grupos sujeitos a sanções OFAC, ou, no caso de beneficiários estrangeiros, que não lidam com quaisquer pessoas, entidades ou grupos sujeitos às sanções OFAC ou quaisquer outras pessoas conhecidas pelo beneficiado estrangeiro por apoiar o terrorismo ou por ter violado sanções OFAC.

C. A entidade deve realizar a instrução básica de seus próprios funcionários-chave da seguinte forma:

1. A entidade deve conduzir uma pesquisa razoável de informações publicamente disponíveis para determinar se qualquer um dos seus principais colaboradores é suspeito de atividades relacionadas com o terrorismo, incluindo o financiamento do terrorismo ou outro suporte. A entidade não deve empregar uma pessoa sobre quem existam quaisquer suspeitas relacionadas com o terrorismo; e

2. A entidade deve assegurar-se de que nenhum dos seus funcionários-chave está sujeito a sanções OFAC ou que tenha violado as sanções OFAC.

D. Se o controle de uma instituição de caridade levar à conclusão de que qualquer de seus próprios empregados--chave, qualquer um dos seus beneficiários, ou qualquer um dos principais funcionários, membros do Conselho de Administração ou gerentes seniores de seus beneficiários é suspeito de atividades relacionadas com o terrorismo, incluindo o financiamento do terrorismo ou outro suporte, há uma série de mecanismos e recursos que pode utilizar uma instituição de caridade:

1. se a entidade acredita que há correspondência entre o nome de um dos indivíduos ou organizações listadas acima e um nome da lista de SDN, a entidade deve tomar as medidas devidas para verificar se a correspondência é válida. Essas etapas e orientações adicionais estão disponíveis no website http://www.treas.gov/offices/enforcement/ofac/faq/answer.shtml#hotline; e

2. a entidade deve fornecer informações sobre qualquer atividade suspeita relacionada com o terrorismo, incluindo o financiamento do terrorismo ou outro suporte, por meio de um formulário de consulta disponível no site do Tesouro em http://www.treas.gov/offices/enforcement/keyissues/protecting/index.shtml. Além disso, o FBI mantém escritórios locais aos quais as instituições de caridade devem fornecer tais informações suspeitas. Uma lista de endereços e números de telefone dos escritórios do FBI está disponível em http://www.fbi.gov/contact/fo/fo.htm.

■ Melhores Práticas da União Europeia (2005)

Um design da UE para implementação da Recomendação Especial VIII do GAFI – organizações sem fins lucrativos

O setor sem fins lucrativos realiza trabalhos públicos humanitários vitais e outros serviços muito necessários, por meio dos quais os cidadãos se beneficiam de serviços indispensáveis em áreas fundamentais da vida. Há, no entanto, evidências de que organizações sem fins lucrativos foram exploradas para o financiamento do terrorismo e para outro tipo de abuso criminal. Para proteger o setor, para reforçar a integridade do doador e a confiança, os mais elevados padrões de transparência e prestação de contas devem ser aplicados por organizações sem fins lucrativos. Este objetivo também responde a solicitações dos governos de Estados-Membros da UE e organismos internacionais.

Deve-se ter cuidado para garantir que nada seja feito para minar o trabalho ou a reputação da grande maioria das legítimas organizações sem fins lucrativos que atuam em nível nacional, da UE ou internacional. Aplicando elevados níveis de transparência e prestação de contas, organizações sem fins lucrativos demonstram sua responsabilidade para com a generosidade pública e ajudam a proteger o setor contra utilização indevida. O presente documento pretende encontrar um enfoque que minimize o risco de abuso, sem sobrecarregar o setor.

Tendo em conta as vulnerabilidades do setor não lucrativo para financiamento e outros fins criminosos, a Comissão estabelece uma série de recomendações aos Estados-Membros e um código de conduta voluntário para organizações sem fins lucrativos atuando na União Europeia. Abrange, portanto, organizações, pessoas singulares ou coletivas, estruturas jurídicas ou outros tipos de corpo que "envolvem o aumento e/ou desembolso de fundos para fins flantrópicos, religiosos, culturais, educacionais, sociais ou fraternos, ou para a realização de outros tipos de boas obras". (ONGs)

A. RECOMENDAÇÕES AOS ESTADOS-MEMBROS PARA RESOLVER AS VULNERABILIDADES DO SETOR NÃO LUCRATIVO AO FINANCIAMENTO DO TERRORISMO E A OUTROS FINS CRIMINOSOS

A prevenção da utilização abusiva das ONGs para o financiamento do terrorismo e outros fins penais exige ação integrada de autoridades públicas, organizações sem fins lucrativos e doadores em nível nacional. As recomendações a seguir são dirigidas aos Estados-Membros a fim de ajudá-los a avaliar progressos realizados por todos os intervenientes na luta contra a utilização abusiva das ONGs para o financiamento de terroristas e outros fins criminosos, e a identificar que outras medidas são necessárias em nível nacional.

A. 1. Mecanismos de supervisão

• Os Estados-Membros devem garantir que tenham designado autoridades competentes com a responsabilidade de supervisionar o setor sem fins lucrativos. O papel de supervisão poderá ser dedicado a um único organismo público ou confiado às autoridades existentes.

• O papel de supervisão das autoridades competentes deve incluir as seguintes funções:

– operar sistemas de registro publicamente acessível para todas as ONGs que operem no seu território, buscando tratamento fiscal privilegiado, o direito de captar recursos do público e o acesso a subvenções públicas. O Registro deve adotar a forma de registro posterior, em vez de uma autorização prévia para constituição.

Os Estados-Membros devem identificar quaisquer categorias de associações sem fins lucrativos que estejam fora do limite de seu atual sistema de registro e reduzir o risco que estas lacunas podem apresentar;

– fornecer orientação para ONGs sobre transparência financeira, bem como aconselhamento a pessoas interessadas em vulnerabilidades do setor, indicadores de risco e orientação sobre como identificar atividades suspeitas;

– deve haver coordenação entre autoridades competentes com respeito à investigação do abuso de ONGs;

– as autoridades competentes devem ter capacidade para avaliar os riscos de abuso de ONGs, devendo deter poderes para solicitar mais informações onde há indicação de que uma dada ONG possa estar operando ilegalmente;

– as autoridades fiscais devem realizar auditorias de imposto efetivas e regulares de organizações sem fins lucrativos que recebam tratamento fiscal especial.

• As autoridades responsáveis pela supervisão do setor não lucrativo devem estabelecer estrutura de cooperação eficaz para cumprir inteiramente as funções de fiscalização atribuídas a eles.

A. 2. Encorajamento de cumprimento de Código de Conduta

Para promover a conformidade, os Estados-Membros devem considerar as seguintes questões:

• registro, padrões reforçados de transparência e prestação de contas confirmam um estatuto visível para ONGs e ajudam a adquirir e manter a confiança do público e a credibilidade do trabalho sem fins lucrativos;

• *status* tributário privilegiado, o recebimento de subvenções públicas e o direito de captação de recursos da sociedade (se regulamentado) podem ser oferecidos a todas as ONGs que satisfaçam os requisitos de registro e que estejam em conformidade com as medidas de transparência e prestação de contas. Um mecanismo para garantir a conformidade pode ser um modelo de certificação, conforme descrito após;

• os princípios e medidas de transparência e prestação de contas propostas no código de conduta devem ser incluídos em certificados existentes ou que venham a ser desenvolvidos. Tais sistemas podem ser executados por organismos públicos ou privados e iria examinar o cumprimento das medidas de transparência e prestação de contas das ONGs;

• organismos privados de controle ou organizações guarda-chuva devem ser incentivadas a estabelecer selos de aprovação ou de outros mecanismos semelhantes de ONGs em conformidade com o código de conduta.

A. 3. Programas de sensibilização sobre vulnerabilidades de ONGs ao financiamento do terrorismo e outros fins penais

ONGs foram usurpadas para transferir dinheiro para organizações terroristas e, portanto, é de fundamental importância que os Estados-Membros e ONGs estejam plenamente conscientes de indicadores que podem sinalizar o uso indevido de tais organizações para o financiamento do terrorismo e outros fins criminosos. Os Estados-Membros devem assegurar que estes indicadores sejam amplamente conhecidos entre todas as autoridades competentes, ONGs e doadores potenciais. Tendo em vista a sensibilização, uma lista de indicadores sobre os potenciais riscos pode ser encontrada no anexo deste documento.

Com base nesses indicadores de risco:

• os Estados-Membros devem iniciar programas de sensibilização para o setor sem fins lucrativos em riscos/vulnerabilidades de abuso do setor;

• ONGs devem ser incentivadas a avaliar suas boas práticas, a fim de reforçar a prevenção da sua utilização abusiva para financiamento do terrorismo e outros fins criminosos;

• orientações devem ser fornecidas para o setor privado (instituições financeiras, contabilistas, auditores e advogados que lidem com o setor sem fins lucrativos) para facilitar a detecção de atividades/transações suspeitas, incluindo técnicas utilizadas nomeadamente para a infiltração de terroristas em ONGs.

A. 4. Investigação de abuso de organizações sem fins lucrativos

Cooperação/intercâmbio em nível nacional deve ser coordenada, se possível, por uma das autoridades competentes responsáveis pela supervisão de ONGs e inclui as autoridades fiscais, unidade de inteligência financeira e serviços de aplicação da lei. Para facilitar o intercâmbio de informações em nível nacional, uma pessoa deve ser indicada em cada uma das entidades para representar o único ponto de contato para fins de intercâmbio de informações em casos relacionados com a utilização abusiva das ONGs para o financiamento do terrorismo. Canais dedicados de informação devem ser estabelecidos entre essas entidades para assegurar o intercâmbio rápido e eficaz. A investigação deve ser proporcional ao risco identificado.

B. UM CÓDIGO DE CONDUTA PARA AS ORGANIZAÇÕES SEM FINS LUCRATIVOS PROMOVE AS MELHORES PRÁTICAS DE TRANSPARÊNCIA E PRESTAÇÃO DE CONTAS

Aplicando elevados níveis de transparência e prestação de contas, ONGs tanto demonstram sua responsabilidade para com a generosidade pública como ajudam a proteger o setor contra a utilização indevida. Os requisitos a seguir constituem uma ferramenta para ONGs manterem a confiança do público, para reforçar a credibilidade do seu trabalho indispensável e, ao mesmo tempo, estabelecer um marco para as autoridades públicas identificarem e rastrearem a utilização abusiva das ONGs para o financiamento do terrorismo e outros fins criminosos.

• ONGs devem produzir e manter atualizado seu "formulário de identificação básica", que deve ser enviado para a autoridade competente no cumprimento das funções de registro. Esta autoridade deve ser informada de alterações no "formulário de identificação básica" e da liquidação da organização (juntamente com uma declaração em como o patrimônio líquido da ONG será distribuído). O "formulário de identificação básica" também deve ser mantido disponível na sede da entidade.

O "formulário de identificação básica" deve, no mínimo, incluir os seguintes elementos:

- nome (formal) da ONG e qualquer sigla ou nome informal comumente usado, e número de registro (se apropriado);

- endereço da sede, telefone/fax/web site e um histórico de endereços anteriores;

- nome completo (formal) (incl. sigla) e o endereço de filiais ou subsidiárias da organização;

- declaração de objetivos gerais, políticas e prioridades da ONG;

- descrição da estrutura organizacional e de tomada de decisão da ONG, refletindo o tamanho da organização e indicando os sistemas de controle interno;

- descrição das zonas geográficas de onde os fundos são recebidos e para onde são transferidos;

- lista de nomes de todos os executivos, dirigentes e membros de órgãos de administração e suas responsabilidades. Onde apropriado, o controlador ou beneficiário final da ONG deve ser identificado.

Uma lista dos números das contas bancárias da ONG e quaisquer documentos ou informações de identificação de pessoas devem ser mantidas em uma seção confidencial do registro que não deve ser acessível ao público na sede da ONG.

• ONGs devem manter contabilidade adequada e elaborar demonstrações financeiras anuais de receitas e despesas. Um relatório anual deve ser preparado, contendo a descrição e o orçamento de atividades e projetos do último ano financeiro, devendo também incluir uma declaração de como têm sido promovidos os objetivos gerais da ONG. ONGS devem dar detalhes de suas atividades de acordo com o tamanho da organização. As demonstrações financeiras e relatórios devem ser mantidos disponíveis na sede, à disposição das autoridades públicas de supervisão.

• ONGs devem manter controle completo e preciso dos fundos transferidos para fora de sua jurisdição/país e dos fundos transferidos a qualquer pessoa que ofereça serviço em nome do beneficiário original.

• Demonstrações financeiras, relatórios, atas das reuniões dos curadores, relatórios de auditoria devem ser mantidos por pelo menos 5 anos na sede da ONG.

• As ONGs devem usar contas bancárias registradas para fluxos de dinheiro em cada transação, sempre que houver a possibilidade de usar o sistema bancário formal. Todo o dinheiro recebido deve ser depositado nessas contas e o desembolso de dinheiro deve ser realizado por meio dessas contas bancárias. Uma certa quantidade de dinheiro pode servir para despesas diárias da ONG.

• Todas as ONGs devem seguir a regra de "Conheça seus beneficiários, doadores e parceiros", que significa que a ONG deve adotar seus melhores esforços para verificar a identidade, credenciais e boa-fé de seus beneficiários, doadores e parceiros.

C. CONSIDERAÇÕES NO ÂMBITO EUROPEU

Muitas ONGs operam em mais de um Estado-Membro, com foco e atividades em terceiros países. Portanto, uma cooperação eficaz entre os Estados-Membros no âmbito Europeu e internacional é de importância fundamental na prevenção e luta contra o terrorismo ou abuso criminal. Além disso, deve-se considerar como instituições europeias poderiam facilitar esta cooperação e incentivar ainda mais a conformidade das ONGs com o presente código de conduta.

C. 1. Desenvolvimento de "Diretrizes Europeias" ou um "Certificado Europeu" para ONGs em conformidade com os requisitos do código de conduta

A possibilidade de desenvolver "Diretrizes Europeias" ou um "Certificado Europeu" com base em medidas reforçadas de transparência e prestação de contas como estabelecido no presente código de conduta deve ser examinada. Os princípios de diretrizes ou certificação poderiam ser elaborados em âmbito europeu. A Comissão Europeia analisará ainda que o financiamento comunitário de ONGs pode ser ligado ao cumprimento de medidas reforçadas de transparência e prestação de contas.

C. 2. Cooperação na investigação de abuso para o financiamento do terrorismo em âmbito europeu

Cooperação e troca de informações em nível internacional ou da UE deve incluir uma rede composta por agentes de cumprimento da lei agindo como pontos focais de contato, com a experiência em financiamento e conhecimento do setor de ONGs. A Comissão irá promover uma rede de intercâmbio de cooperação/informações no âmbito da UE entre autoridades de aplicação da lei e, se for o caso, entre outros organismos competentes para investigar possíveis abusos de ONGs.

Mais atenção deve ser dada à criação de equipes de investigação conjunta de abuso potencial de ONGs. Equipes especializadas poderiam iniciar de forma autônoma a coleta de informações sobre um caso ou a pedido de um Estado--Membro, da Europol ou da Eurojust.

A AEP (Academia Europeia de Polícia) e seus módulos de formação têm papel crucial no treinamento de altos oficiais de polícia, destacando as vulnerabilidades do setor e tipologias de abuso, promovendo, ainda, o intercâmbio de cooperação/informação e o papel potencial de equipes.

C. 3. Programas europeus de sensibilização

Quando contribuem para fins de caridade por meio do setor não lucrativo, cidadãos que vivem na União Europeia têm a responsabilidade de fazer os melhores esforços para verificar a boa-fé da organização a que oferecem suporte. Por conseguinte, no âmbito europeu, programas de sensibilização devem ser lançados sobre as vulnerabilidades do setor não lucrativo para financiamento do terrorismo (e outros fins criminosos), a fim de salientar o princípio de "dar com responsabilidade".

Anexo

Indicadores de risco sobre o abuso de ONGs para o financiamento de terrorismo ou outros crimes

O principal objetivo de listar os seguintes indicadores de riscos potenciais é aumentar a consciência do setor sem fins lucrativos, de autoridades públicas e doadores sobre potenciais vulnerabilidades do setor não lucrativo para financiamento do terrorismo.

Um indicador, em qualquer caso, não deve ser considerado isoladamente, mas deve ser avaliado no contexto de outros indicadores e do ambiente organizacional e legislativo em que opera.

A. Estrutura administrativa e organizacional

• O nome da ONG parece semelhante ao de uma organização amplamente conhecida e confiável.

• A ONG escolheu uma forma de atividade que não requer registro ou que cai no âmbito mínimo de controle/sem supervisão.

• A organização não é registrada ou oficialmente reconhecida como ONG, mas está operando como tal.

• A ONG compartilha sua sede com outras organizações.

• Os gerentes/diretores/curadores detêm cargos em outras organizações sem fins lucrativos e tais organizações compartilham o mesmo contador, consultor financeiro, advogado ou auditor externo.

• O número de pessoas empregadas pela ONG é incompatível com a amplitude das responsabilidades financeiras e de atividades da ONG.

• O site da ONG não foi atualizado nos últimos 12 meses.

• A ONG muda frequentemente sua sede.

B. Objetivos e atividades da organização

• Há pouca ou nenhuma informação disponível sobre as atividades da ONG.

• Objetivos da organização são ligados a determinada afiliação política ou religiosa.

C. Gestão

• Há discrepância entre a gestão e os objetivos da ONG.

• A ONG não colabora com as autoridades públicas em casos de legítimas investigações.

• Curadores parecem não exercer nenhuma influência sobre a gestão da organização.

• Entre os curadores e/ou gerentes da ONG há pessoas designadas em listas de terroristas da ONU ou da UE, ou em listas de lavagem de dinheiro.

D. Gestão financeira

• A ONG dispõe de diferentes contas bancárias, de forma incompatível com o tamanho de suas atividades.

• A entidade não tem controles financeiros ou demonstrações financeiras anuais, nem auditorias externas são preparadas.

• Nenhum rastreamento claro existe para quaisquer transações selecionadas.

• Há falta de clareza acerca dos canais e métodos de pagamento utilizados para transferir os fundos para o estrangeiro.

• O método geral de pagamento é o de transferências de dinheiro ou outros de fora do sistema bancário formal;

• A ONG atinge desempenho insatisfatório em investimentos que estão vinculados a seus administradores ou gerentes.

E. Status Financeiro

• O número de projetos e a renda total da ONG não estão de acordo com o tamanho da organização.

• Há mudança repentina no montante de fundos distribuídos ou recolhidos;

• Alguma inconsistência aparece entre as atividades e as receitas/despesas da ONG.

• A estrutura de renda da ONG depende principalmente de alguns doadores principais que estão vinculados a gerentes ou administradores da organização.

F. Beneficiários, doadores e parceiros da ONG

• Há falta de clareza acera de em que área geográfica os fundos são recolhidos.

• NPO transfere fundos para países de alto risco e falta transparência sobre como esses fundos foram transferidos e utilizados.

• NPO recebe fundos de países de alto risco e falta transparência acerca das fontes de onde provêm os fundos.

• Há falta de transparência de parceiros da ONG operando em jurisdições de alto risco ou não há vestígio claro da existência dessas organizações.

139

Referências

ADLER, B. **The rules of the road**: a guide to the law of charities in the United States. Washington: Council of Foundations, 1999.

BROWN, D. e KORTEN, D. **Understanding voluntary organizations**. Working Papers WPS 258. Washington: World Bank, 1989.

CERNEA, M. **Organizaciones no gubernamentales y desarrollo local**. Working Paper 40S. Washington: World Bank, 1989.

CONSEIL D'ETAT, França. **Les associations reconnues d'utilité publique**. Paris: La Documentation Française, 2000.

_____. **Rendre plus attractive le Droit des Fondations**. Paris: La Documentation Française, 1997.

CRINO FERRETTI, A., JARA, M. Jiménez de la., SAGUES, J. Domingos. "Chile". PIÑAR MAÑAS, J. L. **El Tercer Sector iberoamericano**: fundaciones, asociaciones y ONGs. Valencia: Tirant Lo Blanch, 2001. p. 181-244.

DELSOL, Xavier. **Code des Associations**. Paris: Groupe Juris, 1998.

EUROPEAN FOUNDATION CENTRE. **Rethinking our legal and fiscal environments**. Bruxelas: EFC, 2003.

FRANCK, Thomas. The Emerging Right to Democratic Governance. **American Journal of International Law** (1992): xx-yy.

GONZÁLEZ BOMBAL, I., ROITTER, M., BORGHI, R. D. Alfredo. Argentina. PIÑAR MAÑAS, J. L. **El Tercer Sector Iberomaericano**. Valencia: Tirant Lo Blanch, 2001. p. 41.

Índice de assuntos

E

P

R

S

www.ingramcontent.com/pod-product-compliance
Lightning Source LLC
Chambersburg PA
CBHW051215170526
45166CB00005B/1908